2400,

9788527301350

Planejamento no Brasil

Coleção Debates
Dirigida por J. Guinsburg

Equipe de realização: Tradução: Regina Schnaiderman; Revisão: Mary Amazonas Leite de Barros; Produção: Plínio Martins Filho; Capa: Moysés Baumstein

betty mindlin lafer

PLANEJAMENTO NO BRASIL

EDITORA PERSPECTIVA

4.ª edição, 1984

5. edição, 1987

Direitos em língua portuguesa reservados à
EDITORA PERSPECTIVA S.A.
Av. Brigadeiro Luís Antônio, 3025
01401 – São Paulo – SP – Brasil
Telefones: 885-8388/885-6878
1987

SUMÁRIO

Apresentação 7

Introdução: *O Conceito de Planejamento* — BETTY MINDLIN LAFER 9

O Planejamento no Brasil: Observações sôbre o Plano de Metas (1956-1961) — CELSO LAFER 29

Plano Trienal de Desenvolvimento Econômico e Social (1963-1965) — ROBERTO B. M. MACEDO 51

Análise do Plano de Ação Econômica do Govêrno (PAEG) (1964-1966) — CELSO L. MARTONE 69

O Plano Estratégico de Desenvolvimento (1968-1970) — DENYSARD O. ALVES e JOÃO SAYAD   91

A Experiência Regional de Planejamento — JOSÉ ROBERTO MENDONÇA DE BARROS 111

Aspectos do Planejamento Territorial Urbano no Brasil — ROBERTO LOEB 139

Aspectos Políticos do Planejamento — FERNANDO HENRIQUE CARDOSO 161

Esse livro é uma tentativa de analisar a experiência do Brasil no campo de planejamento. Cada capítulo versa sôbre um dos planos realizados no País, procurando sintetizar seus objetivos, sua forma de execução e implementação e avaliar seus resultados.

O planejamento nada mais é do que um modêlo teórico para a ação. Propõe-se a organizar racionalmente o sistema econômico a partir de certas hipóteses sôbre a realidade. Naturalmente, cada experiência de planejamento se afasta de sua formulação teórica e o que é interessante na análise dos planos é justamente separar a história do modêlo e verificar por que os fatos ocorreram de maneira diferente da prevista.

Na introdução do livro procura-se elaborar o quadro de idéias subjacentes a todos os planos. O que significa planejar, que variáveis o Governo se propõe a controlar e com que meios?

Nos capítulos que se seguem procura-se comparar cada experiência concreta com o modelo teórico. Do primeiro Capítulo ao quinto são analisados os Planos de âmbito nacional, desde o Plano de Metas ao Plano Estratégico de Desenvolvimento, passando pelo Plano Trienal (1963-65) e Plano de Ação Econômica do Governo (1964-66). O Capítulo 6 estuda dois casos de planejamento regional — a SUDENE e o Govêrno do Estado de São Paulo — e o Capítulo 7 mostra como o planejamento urbano é um dos problemas cruciais do planejamento global do Brasil. Finalmente, o Capítulo 8 coloca alguma das variáveis políticas nem sempre claramente explicitadas na análise econômica.

Todos os ensaios tentam verificar não só a coerência interna dos objetivos do plano, os interêsses a que procuravam servir, as falhas no diagnóstico da situação do País, como também os canais previstos para sua execução (a organização administrativa com que contavam) e os instrumentos de política escolhidos para atuar sobre a economia.

Se essa análise nada tem de simples, por englobar um número muito grande de variáveis, atende à preocupação fundamental dos autores, que é a de examinar e testar a teoria tendo em vista sua aplicação prática e sua eficácia para a ação.

A experiência do passado tem, pensam os autores, utilidade para o futuro. É por isso que esperam que este livro, pelo registro que fez de acertos e de erros, possa contribuir, embora modestamente, para o futuro do planejamento no Brasil.

BETTY MINDLIN LAFER

São Paulo, janeiro de 1970.

Introdução
O CONCEITO DE PLANEJAMENTO
Betty Mindlin Lafer

O planejamento como instrumento de política econômica é relativamente recente, mesmo em países socialistas. Assim, a União Soviética adotou o primeiro plano qüinqüenal em 1929, e era, antes da guerra, o único país que usava o planejamento de maneira sistemática. Mesmo a discussão sôbre a possibilidade teórica de planejamento data da década dos vinte.

É interessante lembrar o conteúdo desse debate, pois mostra por que se julgava desnecessário o planejamento num país socialista. Tratava-se de saber se num país com decisões econômicas centralizadas, mas em que os indivíduos tivessem livre escolha de consumo e ocupação, seria possível alocar os recursos com a máxima eficiência. Nessas condições, *os preços dos bens finais* indicariam as preferências dos consumidores, isto é, dada uma distribuição de renda, mostrariam qual a estrutura da demanda final. O problema estava em saber como atribuir preços aos fatores de produção de modo a usá-los com o mínimo desperdício. Numa economia capitalista competitiva, tanto os preços dos bens finais como os preços dos fatores se formam no mercado e refletem a escassez relativa dos recursos, isto é, tornam a demanda igual à oferta. Como os empresários procuram maximizar o lucro e competem entre si, o preço do produto acaba por igualar-se ao custo de produção e a alocação de recursos será racional: obtém-se a produção de bens finais com o menor uso possível de recursos. Se, porém, as decisões econômicas são centralizadas, é o órgão central de planejamento que deve fixar os preços dos fatôres e surge então o problema de como avaliá-los. Embora Barone (2) tivesse já mostrado, no início do século, que a Comissão Central de Planejamento pode calcular a alocação racional de recursos, economistas como L. Von Mises (12) procuraram mostrar que o cálculo econômico é impossível numa economia socialista. Outros, como Hayek (14), julgavam que teoricamente seria possível a alocação racional, mas impraticável na realidade, pois a Comissão Central teria que resolver uma infinidade de equações que igualassem a procura à oferta de bens — justamente as equações solucionadas automaticamente pelo mercado numa economia competitiva. A *resposta*, dada por Taylor (11), veio mostrar que o problema é mais simples do que pareceria à primeira vista. Assim, a determinação dos preços seria semelhante nas economias socialista e competitiva. A Comissão Central desempenharia as funções de mercado sem que fôsse necessário resolver as múltiplas equações de demanda e oferta de todos os bens. De que forma a Comissão Central encontra os preços ótimos? Se os preços dos fatores são dados, é suficiente usar duas regras para a alocação de recursos: minimizar os custos de produção para encontrar a melhor combinação de fatôres a empregar e igualar o preço do bem final a seu custo marginal para encontrar a escala de produção. Como no sistema analisado por Lange os preços dos fatores não são determinados no mercado, devem ser fixados pela Comissão de Planejamento. Em vez de solucionar as equações, a Comissão pode partir dos preços vigentes, históricamente dados, e sempre obedecendo às duas regras, corrigi-los continuamente de forma a assegurar o equilíbrio entre a oferta e demanda de fatores. Através de repetidas modificações nos preços, chegar-se-ia ao equilíbrio ótimo equivalente ao do mercado competitivo. O mérito da alocação através de um órgão central de planificação, segundo Lange, é que permite uma visão global das alternativas de consumo e produção, podendo-se evitar desperdícios que necessariamente surgem quando as decisões são atomizadas. Pode-se, além disso, alterar a distribuição de renda, obtendo nova estrutura de demanda final. O custo, para uma economia socialista, de substituir o funcionamento do mercado por um organismo de planejamento é o da burocratização, embora o volume de informações seja maior [1]. De qualquer forma, a possibilidade de planificação total fica demonstrada. Outros economistas socialistas, e como Dobb (6) e Sweezy (17), julgam que num sistema de decisões centralizadas deve-se abandonar a alocação de recursos através do mecanismo de preços, mesmo que êstes sejam fixados pela Comissão Central: as decisões de produzir e investir devem ser feitas em têrmos quantitativos pelo órgão planejador, cabendo aos preços apenas uma função contábil (essa é com efeito a forma soviética de planejamento, como veremos abaixo).

O debate, então, não trazia conclusões definidas sobre a superioridade de um sistema sobre outro, mas mostrava: *a*) a possibilidade de decisões centralizadas com planejamento; *b*) numa economia competitiva o planejamento é desnecessário, pois o mercado realiza as funções de um órgão central de planificação.

(1) Por outro lado, a taxa de juros (e portanto a taxa de acumulação do capital) é determinada arbitràriamente pelo Govêrno na economia socialista. Isso não quer dizer que a economia capitalista tenha vantagem sôbre a socialista — o que só pode ser demonstrado pela capacidade de crescimento a longo prazo — mas sim que a taxa de juros, em vez de refletir as preferências dos consumidores quanto à distribuição ótima do fluxo de renda no tempo, reflete as dos planejadores.

Nos países capitalistas, a idéia de planejamento surgiu diante da necessidade premente de atingir certos objetivos econômicos e sociais. Tornou-se claro que o simples jogo das forças de mercado, com pequena intervenção do Estado, era incapaz de levar aos resultados desejados pela sociedade. Assim, a instabilidade do sistema econômico, com crises cíclicas na atividade e desemprego periódico em grau assustador, a nova ênfase no desenvolvimento econômico e luta contra a miséria, e a mobilização das economias para a guerra, levaram à elaboração de modelos racionais de política econômica, que permitissem dominar as forças econômicas em direção à alocação ótima dos recursos. Surgiram instrumentos novos de análise econômica, como modelos econométricos, técnica de matriz de *input-output* etc., que procuravam prever e atuar sobre a realidade. Tinha sido definitivamente perdida a crença no automatismo de mercado e abandonada a teoria do *laissez-faire* nas decisões econômicas.

O Mecanismo de Mercado e a Intervenção do Governo

É interessante examinar mais minuciosamente por que razão o conceito de planejamento, até a década dos trinta, parecia totalmente absurdo. Até então, a teoria econômica mostrava que num mercado competitivo (onde fossem válidas certas condições ideais, como atomização dos consumidores e produtores, de forma a não poderem influenciar individualmente o preço dos bens, informação perfeita sobre as condições de mercado, perfeita mobilidade e divisibilidade de fatôres, inexistência de economias de escala e de economias externas na produção etc.) a alocação dos recursos seria ótima, isto é, chegar-se-ia à situação conhecida como ótimo de Pareto. Examinemos o que isso significa. O ótimo paretiano é definido em termos de eficiência da produção e satisfação dos consumidores. Uma produção é ineficiente se é possível aumentar a produção de um bem sem diminuir a dos outros, obedecidas as limitações dadas pela disponibilidade de recursos, uma vez que o uso de fatores não pode ser superior à sua oferta. A máxima satisfação dos consumidores é atingida quando nenhum consumidor pode melhorar a sua posição sem piorar a de outro. No ótimo, portanto, a produção tem a máxima eficiência e não é possível que todos os consumidores melhorem simultâneamente sua situação.

Para que o ótimo paretiano seja atingido, devem ser satisfeitas diversas condições marginais. Essas podem ser rigorosamente demonstradas (9), mas sua idéia intuitiva é a seguinte:

a) devemos ter o ótimo na troca: a relação entre os preços dos bens é tal que dois consumidores não podem aumentar simultâneamente sua satisfação através de troca conveniente para ambos, ou um consumidor, ao alterar o consumo relativo dos bens, não pode aumentar sua satisfação;

b) devemos ter o ótimo na produção: a relação entre os preços dos bens é tal que não é possível aumentar a produção deslocando recursos de uma firma para outra ou de um produto para outro;

c) a relação entre os preços dos bens é tal que a substituição entre bens na produção corresponde às preferências dos consumidores. Caso contrário, seria possível aumentar a satisfação dos consumidores reorganizando a produção.

As condições de equilíbrio do ótimo paretiano baseiam-se em dois pressupostos: os produtores maximizam seu lucro, dada a tecnologia, ou seja, as funções de produção para cada bem, e os consumidores maximizam a utilidade, dadas suas preferências e a sua renda. Assim, a demanda de bens finais por parte de cada consumidor depende do nível em que sua renda está fixada e para cada distribuição de renda, portanto, haverá uma estrutura de demanda de bens finais e um ótimo paretiano.

Como as funções de utilidade de diferentes indivíduos não são comparáveis, não é possível dizer que determinada distribuição de renda seja mais eficiente que outra. Se tomarmos o caso de dois indivíduos apenas, haverá infinitos pontos de ótimo paretiano, correspondentes a diferentes distribuições da renda global entre ambos. Se em todos os pontos valerem as condições marginais, estaremos sempre no ótimo paretiano, mas à medida que a renda vai sendo redistribuída, um dos consumidores melhora a sua posição (aumenta sua renda) enquanto a do outro piora (em termos mais técnicos, os infinitos pontos de ótimo são os pontos de tangência das curvas de indiferença dos dois consumidores, definindo a curva do contrato num diagrama de Edgeworth-Bowley). Sendo impossível fazer comparações entre pessoas, não se pode dizer que um ótimo paretiano é preferível a outro; há várias tentativas, na teoria do bem-estar social, de comparar a eficiência de situações com diferentes distribuições de renda através de sistemas de compensação [2] dos que ganham para os que perdem com a mudança. O que se busca é chegar a um conceito *wertfrei* de eficiência, sem grande sucesso, pois mostrar a eficiência da compensação já é recomendar a mudança e a redistribuição de renda. Tendo as rendas globais composições diferentes, não são comparáveis [3].

O ótimo paretiano leva à noção de que qualquer intervenção na economia é nociva, por romper a competição. É possível mostrar[4] que todo ótimo paretiano é um equilíbrio competitivo, da mesma forma que o mercado competitivo leva sempre ao ótimo paretiano. Assim os impostos indiretos impedem que se atinja o máximo bem-estar pois são violadas as condições de competição (nem todas as condições marginais são satisfeitas). A conclusão, para a política econômica, é o *laissez-faire*: o funcionamento do mercado leva ao melhor dos mundos (ou se chega à conclusão oposta de que deve haver planificação total, como a de Lange, que procura atingir o ótimo paretiano, pois, numa economia socialista, os preços encontrados pela Comissão Central seriam os de equilíbrio do mercado competitivo). Está encoberta, naturalmente, a hipótese de uma distribuição de renda fixada. Se um dos objetivos da sociedade for o de mudar a distribuição de renda, o argumento do *laissez-faire* deixa de ser válido. Assim a sociedade pode preferir uma situação com ineficiente alocação de recursos, causada pela intervenção do Governo, e pequena concentração de renda, a uma situação em que a alocação seja ótima mas a renda muito concentrada.

(2) Para uma ótima discussão do problema, ver Boulding (4) ou Mishan (13).
(3) Veja-se Samuelson (16).
(4) Dorfman, Samuelson, Solow (7) apesar da opinião divergente de Mishan (13).

A eficiência na alocação de recursos atingida pelo ótimo de Pareto é uma eficiência estática, e não dinâmica. Esta refere-se à capacidade de crescimento no tempo do sistema. A eficiência dinâmica pode ser indicada pelo crescimento da renda, embora o produto possa crescer apenas porque se está investindo muito e mantendo baixo o consumo e não porque o sistema contenha possibilidades de progresso tecnológico contínuo. A eficiência dinâmica não está necessariamente ligada à eficiência estática. Como mostra Schumpeter [5], um sistema com ineficiente alocação de recursos pode ter maior eficiência dinâmica que outro em que a alocação seja ótima, justamente porque o estímulo para o crescimento pode ser maior nessas condições.

O abandono da ideologia do *laissez-faire* prende-se a duas causas fundamentais: *a*) as crises cíclicas de desemprêgo do sistema capitalista mostraram que mesmo o equilíbrio estático não era o de um ótimo paretiano, pois havia recursos inaproveitados; *b*) a noção de crescimento dinâmico tornou-se fundamental.

Do ponto de vista teórico, há duas grandes linhas de argumentação para mostrar que o funcionamento do mercado não pode ser automático mas sim corrigido pela interferência do Governo. A primeira é feita em termos do equilíbrio da *renda global* e a segunda discute os preços de mercado como orientadores da aplicação de recursos. Assim, a teoria keynesiana, ao modificar algumas das hipóteses da teoria clássica (alterando a teoria de demanda de moeda, supondo que preços e salários não são flexíveis e que o consumo depende da renda), concluía que é possível haver um equilíbrio estático da renda a um nível inferior ao de pleno emprêgo, ao contrário do que se demonstrara anteriormente. A teoria keynesiana permitia compreender a crise dos anos trinta e mostrava que o Governo tem um importante papel a desempenhar na eliminação do desemprego.

O outro ataque ao automatismo de mercado é a discussão das hipóteses de concorrência perfeita. Quando há imperfeições de mercado, os preços divergem dos de um mercado competitivo e deixam de ser guias ótimos para a alocação de recursos. Assim,

(5) Citado por Balassa (1).

o custo social passa a diferir do custo privado de produção. É o que ocorre se houver economias ou deseconomias externas na produção ou consumo, se houver desemprego, imobilidade de fatores, no caso de bens coletivos (educação, energia, transportes), que não podem ser avaliados no mercado e se houver economias de escala na produção, pois se formam monopólios e a livre concorrência se desfaz. Se o Governo não interferir na distribuição de recursos, esta se orientará pelos preços de mercado, e não pelos custos sociais.

Diante desse quadro, o planejamento governamental se faz necessário, não para substituir o sistema de preços (como ocorre em países onde os meios de produção pertencem ao Estado) mas para corrigir-lhe as distorções, aproximando a alocação de recursos da correspondente a um ótimo paretiano e aumentando a eficiência dinâmica do sistema, ou seja, promovendo o desenvolvimento econômico. Vejamos em que consiste o planejamento em países capitalistas e quais os seus pontos de convergência com um planejamento do tipo soviético.

O Planejamento numa Economia Capitalista

Em países capitalistas, o planejamento pode ser feito em diversos graus de elaboração, abrangendo apenas parte ou a totalidade da economia.

O planejamento global procura dar uma visão ampla do desenvolvimento da economia, fixando objetivos a atingir e procurando assegurar a consistência entre a oferta e demanda de bens em todos os setores. Em sua fase inicial num país, porém, não pretende ser um diagnóstico das condições econômicas gerais (um modêlo de equilíbrio geral). Começa geralmente com um programa de investimentos públicos que não é apenas uma previsão orçamentária. Esse programa pode limitar-se a alguns setores estratégicos da economia, onde se perceba claramente que há desequilíbrio entre oferta e demanda. É o caso de investimentos em infra-estrutura, como transportes, energia, educação, saúde, cujo crescimento pode ser planejado mesmo quando os objetivos mais gerais de crescimento de renda, emprêgo etc., ainda não estão fixados. Um exemplo desse tipo de planejamento é, no Brasil, o governo de Juscelino Kubitschek. A consistência entre as diversas metas escolhidas é relativamente mais fácil de assegurar que numa fase mais avançada de industrialização.

O planejamento pode também referir-se a regiões econômicas sem estar inserido num esquema para a economia como um todo, sendo feito com objetivos específicos, como o de industrializar uma região (é o caso, no Brasil, da SUDENE), de desenvolver uma bacia fluvial, ou a agricultura regional etc.

Para a análise de toda a intervenção possível numa economia capitalista, interessa-nos examinar o planejamento global.

A técnica do planejamento, em suas linhas gerais, consiste em assegurar o equilíbrio entre os níveis de produção e a demanda de bens, dada a oferta de fatores de produção de forma a atingir certos objetivos básicos. Estes podem ser: alcançar determinadas taxas de crescimento do produto nacional bruto e do nível de emprego, manter o saldo do balanço de pagamentos e o crescimento dos preços, dentro de limites fixados, alterar a distribuição de renda etc. Nem sempre são compatíveis entre si. Em certas circunstâncias, por exemplo, uma alta taxa de crescimento do produto só será viável com déficit no balanço de pagamentos ou com pequeno crescimento do emprego. Cabe ao planejamento: a) dar coerência aos objetivos; b) prever o crescimento da demanda caso esses objetivos sejam atingidos; c) assegurar o crescimento da produção em níveis compatíveis com a demanda, usando os recursos disponíveis com a máxima eficiência; d) assegurar o crescimento da oferta de fatores de produção.

O primeiro objetivo do plano é obter determinada taxa de crescimento da renda *per capita*. A possibilidade de crescimento da oferta de bens depende: a) do nível de investimento; b) da tecnologia empregada, ou seja, da função de produção estimada para a economia como um todo. Se for utilizada uma função de produção do tipo Harrod-Domar, em que se considera constante a relação produto-capital, sabe-se de quanto deve crescer o estoque de capital, isto é, qual deve ser o investimento para obter o crescimento desejado no produto. Se fôsse usada uma função de produção alternativa, em que entrassem outros fatores e houvesse entre eles certo grau de substituição, saberíamos os requisitos dos outros fatores e teríamos alguma escolha entre técnicas de produção a empregar. O volume de emprêgo deve depender da tecnologia de produção, da possibilidade de usar técnicas alternativas (da substituição entre fatores) e do crescimento da demanda global.

O passo seguinte é estimar a evolução da demanda global de bens e serviços dentro das hipóteses do plano. Ou seja, o plano procura estimar o crescimento do consumo agregado, do investimento, das importações, exportações, despesas do Governo etc. É usado, portanto, um modelo econométrico para explicar a evolução de cada componente da demanda agregada. Essa parte do plano já permite um exame da compatibilidade entre vários objetivos, como, por exemplo, o crescimento do produto e o nível do emprego (dados pela função de produção), o crescimento do produto e o saldo do balanço de pagamentos (o que será mostrado pela função de importações estimada e pelo crescimento previsto das exportações) etc.

Essa análise inicial é feita a um grau de agregação muito grande, considerando-se o produto para o país como um todo, apenas para que se possa ter alguma informação sobre a viabilidade dos objetivos do esfôrço de investimento a ser feito etc. Calculados os dados globais, porém, o plano só tem utilidade se for detalhado por setores.

As projeções de crescimento setorial (agricultura, indústria em seus diversos ramos, setor terciário) dependem em parte das estimativas de demanda e em parte da estratégia adotada pelo Governo para o desenvolvimento, ou seja, do padrão de desenvolvimento industrial escolhido. As projeções de demanda podem ser feitas em função da elasticidade-renda da demanda de cada produto e crescimento da população, ou tomando por base comparações internacionais entre consumo e renda *per capita,* tamanho de mercado etc. A estratégia do desenvolvimento depende das vantagens comparativas do país, estáticas e dinâmicas, em ampliar a produção de certos bens em detrimento de outros. Alguns fatores importantes são o poder acelerador de alguns setores, as economias externas ou os ganhos de dimensão decorrentes de um conjunto de investimento, a possibilidade de ampliar o mercado, incrementar as exportações, economizar divisas etc. Em suma, o problema é o de escolher entre um crescimento equilibrado ou desequilibrado, de fazer com que o crescimento da oferta tenha a mesma estrutura que a demanda ou obedeça a critérios de investimento mais complexos, ficando a cargo do comércio exterior o equilíbrio entre demanda e oferta.

Uma técnica auxiliar que não resolve o problema da alocação dos investimentos, mas permite balancear a escolha feita e dar-lhe consistência interna, é a da matriz de *input-output*. A matriz mostra quais os coeficientes técnicos de produção de cada setor, isto é, quais as inter-relações entre todos os setores da economia. Assim, uma linha da matriz mostra quais os usos feitos da produção total de um setor, enquanto a coluna mostra todos os custos da produção necessários para obtê-la.

Uma vez estimada a demanda final nos diversos setores, pode-se calcular a produção total em cada setor necessária para atingi-la. A matriz permite testar a consistência de estimativas feita por outros métodos, pois indica os requisitos técnicos de produção. Como exige, porém, grande volume de informações, dificilmente é construída em países subdesenvolvidos [6]. Mesmo onde há dados disponíveis, o uso da matriz tem suas limitações, pois baseia-se em certas hipóteses restritivas. Assim, supõe-se que os coeficientes de produção sejam fixos, isto é, que a técnica não dependa dos preços relativos dos fatores, permanecendo a mesma ao longo do tempo, e que não haja economias de escala. Na medida em que essas hipóteses não se verifiquem, é preciso fazer constantes reajustes nos coeficientes da matriz. Como esses dependem da forma de agregação, também mudanças na composição industrial devem alterá-los. De qualquer maneira, se o grau de detalhamento da matriz for bastante grande, é um instrumento de grande utilidade para o planejamento.

Quando se dispõe de uma matriz de *input-output*, e são conhecidas as disponibilidades de recursos, o uso da programação linear torna teoricamente possível encontrar os preços e quantidades a produzir de cada

---

(6) Uma exposição de alguns problemas envolvidos no uso da programação linear pode ser encontrada em Chenery (5a, 5b).

bem correspondentes à alocação ótima de recursos. Assim, dada a estrutura da demanda final (que por sua vez corresponde a determinada distribuição de renda) e obedecidas as restrições quanto ao uso de fatores, uma vez que são disponíveis em quantidades limitadas, a técnica da programação linear permite saber qual deve ser a estrutura de produção e que preços devem ser atribuídos aos fatores de forma a se maximizar o produto com mínimo desperdício de recursos. Os preços atribuídos aos fatores são seus custos de oportunidade; indicam como devem ser avaliados do ponto de vista social e não necessariamente seu preço de mercado. (Se houver, por exemplo, superabundância de mão-de-obra, seu custo de oportunidade será zero, embora o preço de mercado seja o salário. Um sistema de subsídios ou transferências pode incrementar o uso de mão-de-obra, orientando a escolha da tecnologia por seu custo social, e não privado.) Os preços e quantidades encontrados pela programação linear são os de um equilíbrio competitivo, ou seja, de um ótmo paretiano [7]. Teoricamente, portanto, o planejamento permite corrigir as distorções do sistema de preços e torna a alocação de recursos próxima da de livre concorrência.

Na prática seria difícil corrigir os preços de mercado de forma a que se aproximassem de seus custos de oportunidade. Embora certo grau de intervenção seja possível isso exigiria um controle muito grande da economia por parte do Estado. Mesmo do ponto de vista teórico, porém, a programação linear contém certas hipóteses restritivas. Supõe, por exemplo, que não haja economias de escala na produção (em cuja ocorrência é preciso considerar o custo total de todas as soluções alternativas) e não haja economias ou deseconomias externas (pois então a decisão de produzir e investir em determinados setores não pode ser individual mas deve ser feita para o conjunto de setores). Mesmo tendo em conta esses problemas, a programação linear é um guia útil para o planejamento, indicando a orientação a ser seguida na alocação de recursos.

Diante do exposto acima, podemos dizer que o planejamento consiste em apontar o caminho mais racional do desenvolvimento, dadas as características da economia. O problema que se coloca é saber se o Go-

(7) Veja-se Dorfman (7), cap. 4.

vêrno dispõe de instrumentos suficientes para alocar os recursos de acôrdo com a orientação do plano. No sistema capitalista, a influência pode exercer-se diretamente na alocação de recursos (investimentos públicos) ou indiretamente através do sistema de preços. A manipulação do sistema de preços, alterando os preços relativos, orienta os investimentos privados na direção desejada. Isto pode ser feito pela política tributária, que altera os preços relativos através de impostos indiretos ou incentivos fiscais (inclusive impostos sôbre importações e exportações). Outra forma de orientar os investimentos privados é o uso de uma política seletiva de crédito. O plano em si, quando difundido, já deve orientar os recursos pois indica o crescimento da demanda. O plano francês, em que as empresas participam de sua elaboração nas fases iniciais de projeção, é um exemplo.

Sobre os investimentos públicos o Governo tem controle, sendo necessário porém haver coordenação entre os orçamentos públicos, os órgãos executivos e o organismo encarregado do planejamento. A organização administrativa, portanto, é fundamental para a execução das metas do plano. Uma parte dos investimentos públicos — feita pelas emprêsas do Governo e de economia mista — está sujeita, além da alocação direta por parte do Govêrno, aos mesmos incentivos que o setor privado.

Além do controle da alocação, o Governo, no sistema capitalista, tem a função de controlar a demanda global e as demandas setoriais, para que se ajustem ao crescimento da oferta e não haja excessiva pressão sobre o balanço de pagamentos ou sobre o nível de preços. Os instrumentos de que dispõe para isso são, bàsicamente, a política tributária, certa manipulação da política salarial e política monetária. A política de importações, ao aumentar a oferta de bens, pode ser de grande importância. Outros meios de evitar a inflação podem ser simultaneamente usados: contrôle direto de preços, aumento da eficiência do setor público etc.

Para dois outros objetivos — balanço de pagamentos e crescimento do emprêgo — o Governo também dispõe de instrumentos, mas provavelmente sujeitos a maiores restrições que os demais. Assim, é possível influenciar as importações, através do efeito-

-preço (política cambial), seleção direta de importações, substituição de importações etc. Há um limite, porém, à redução das importações sem queda no nível de renda. As exportações também podem ser alteradas por meio de política cambial e tributária, mas estão sujeitas às condições econômicas e política tarifária no resto do mundo. Quanto ao crescimento do nível de emprego, liga-se ao da renda global (ao nível de investimento), à estratégia de desenvolvimento escolhida, e depende da tecnologia, que mais dificilmente pode ser alterada pelo Governo.

A conciliação das diversas políticas para melhor atingir todos os objetivos depende da elaboração de modelos mais complexos, nem sempre incluídos nos planos. Uma das dificuldades é que cada política deve resolver problemas de curto prazo, permitindo simultâneamente que os objetivos de longo prazo sejam alcançados. O importante, porém, é que os instrumentos de intervenção do Estado existem, e o sucesso do plano, mesmo ao nível teórico, depende da habilidade do Governo em combiná-los.

Resta-nos comparar as formas de controle de uma economia capitalista com as de uma economia totalmente planificada, verificando como se dá a alocação de recursos quando se abandona o sistema de preços.

O Planejamento Soviético

No planejamento soviético [8], a alocação é feita em termos quantitativos, sem fazer uso do sistema de preços.

Assim, o órgão central de planejamento estabelece metas em termos físicos para um grande número de produtos (entre 800 e 1600) considerados mercadorias críticas. Como não é usada uma matriz de *input-output*, o problema é assegurar a coerência interna das metas e não pròpriamente escolher a combinação de bens finais a produzir. Os objetivos determinados pelo Governo baseiam-se em informações sobre a economia (dados sobre o período anterior, existência de pontos de

---

(8) Uma exposição sucinta do planejamento soviético pode ser encontrada em Montias (14) ou Holzman (10), parte V.

estrangulamento na economia etc.) e obedecem a prioridades fixadas pelo Governo. O plano é elaborado em diversas etapas. Tendo as informações estatísticas sôbre a economia, a Comissão Central de Planejamento — na URSS o Gosplan — estabelece qual deve ser o crescimento da renda e, em grau de agregação bastante grande, quais as produções setoriais. Esse plano passa para os escalões hierárquicos inferiores e regionais até chegar às empresas. Essas, com base em certas normas técnicas, fazem as requisições de materiais, e o plano volta, de baixo para cima, até o Gosplan, que procura então fazer o balanceamento das produções em nível bem mais detalhado que quando foram fixados os objetivos iniciais. É evidente que, depois do balanceamento de todos os materiais, as metas iniciais por produto já não são exatamente as mesmas. O plano balanceado é então discutido e aprovado pelo Governo (às vêzes com modificações substanciais) e passa novamente pelos órgãos burocráticos até as empresas. Em alguns casos a passagem de ida e volta pelos escalões administrativos repete-se mais vêzes, com pressão por parte do órgão central para que as empresas reduzam o uso de materiais. Uma vez pronto o plano, é feita a alocação de recursos às emprêsas, com arranjos específicos (por exemplo, fixação de financiamento e indicações de fontes supridoras de materiais) para que se efetive.

O método dos balanços realiza, essencialmente, a mesma função que a matriz de *input-output*. A matriz permite calcular a produção total de bens necessários para produzir um conjunto de bens finais, já que uma parte da produção total tem uso apenas intermediário. O método dos balanços parte da produção total do ano anterior, acrescida de certa porcentagem, considerando-a como uma demanda final, e calcula qual a produção de bens intermediários para atingi-la. É possível demonstrar (é o chamado método de Gauss) que por aproximações sucessivas esse cálculo converge para um conjunto consistente de produções brutas. Em outras palavras, o que o método dos balanços faz é, tendo a oferta de cada bem, calcular todos os seus usos como matéria-prima e bem de consumo final (uma linha matriz) e corrigir a oferta de acôrdo com as necessidades de todos os outros bens. O uso da matriz de *input-out-*

put facilitaria o cálculo, e em vez de termos o balanceamento para um conjunto único de bens finais, seria possível escolher entre várias combinações de demanda final. Seria mais fácil julgar a racionalidade dos objetivos escolhidos e assegurar a consistência interna das produções globais. O que se perde, usando apenas a matriz, é o contato direto entre os planejadores e empresas, com conseqüente pressão sobre as normas técnicas. Há algumas matrizes para países socialistas, mas em grau de agregação bastante grande.

Se os preços, numa economia socialista, refletissem a escassez relativa de recursos, poderiam servir de guia à sua alocação e à escolha de normas técnicas, mesmo se se mantivesse o controle direto da Comissão de Planejamento sobre as empresas. As regras de fixação de preços, porém, distanciam-nos bastante dos custos de oportunidade. Em linhas gerais, os preços compõem-se do custo de produção e de uma porcentagem adicional (um imposto indireto) que costuma ser mais alta para os bens de consumo que para os de produção. O custo de produção compreende o trabalho direto e indireto, matérias-primas, depreciação, às vezes juros sobre empréstimos bancários. O imposto indireto, portanto, corresponde ao lucro. As empresas estatais compram os produtos pelo preço total, mas vendem com exclusão do imposto indireto. Ocasionalmente os preços podem ser ajustados, quando os custos de produção variam muito entre empresas.

Sendo fixados dessa forma arbitrária (pois o imposto indireto é o mesmo para uma classe variada de produtos), os preços não são um guia seguro para a alocação de recursos. Têm uma função contábil, uma vez que para avaliar a eficiência das empresas e comparar mudanças na produção é preciso um cálculo em termos monetários. Como as empresas têm certa escolha quanto ao uso de materiais e determinação da produção e havendo, por outro lado, empresas que não estão sujeitas ao planejamento, os preços afetam as normas técnicas e a produção. O problema maior é o dos critérios de investimento. Existem regras para a escolha de investimentos — como a de eficiência do investimento, referente ao período em que a redução nos custos operacionais anuais devida ao investimento se torna igual ao gasto inicial, ou índices de produção por operário, gastos de matéria-prima por unidade de produto etc. — mas como os custos não são orientadores ótimos, as preferências dos planejadores desempenham papel importante. Outra dificuldade nos países em que o comércio exterior é importante é a da determinação da substituição entre produção doméstica e importações, uma vez que não há correspondência entre custos internos e externos e a taxa cambial é arbitrária. É verdade que, apesar do método rudimentar usado para alocar os investimentos, a eficiência da economia não sofreu muito [9]. A explicação, provavelmente, está nas restrições a que devem obedecer os planejadores ao orientar os investimentos. São obrigados a respeitar as indivisibilidades do capital, o tamanho, capacidade de produção e interdependência entre projetos, bem como possibilidades de importação.

Teoricamente, também num sistema como o soviético seria possível, através de uma matriz de *input-output* e do uso da programação linear, encontrar os custos de oportunidade dos fatores, dada a estrutura da demanda final. Como os preços são fixados pelo Governo, a possibilidade de aproximá-los dos preços de um ótimo paretiano seria maior que num sistema capitalista. O uso da programação linear e de preços correspondentes ao custo de oportunidade tem sido proposto por economistas como Novozhilov, Nemchinov etc. Para evitar a perda de controle das autoridades sobre as empresas e a descentralização política e econômica decorrentes da substituição do planejamento físico pelo planejamento com base no valor, sugerem que os dois sistemas sejam usados simultaneamente. A vantagem está na maior eficiência, evitando-se a arbitrariedade das decisões dos planejadores.

Em suma, o planejamento soviético não é apenas indicativo, como o capitalista, mas o instrumento fundamental de distribuição de recursos, determinando a estrutura e o nível da oferta de bens.

Conclusão

Os dois esquemas simplificados de planejamento que analisamos acima — o capitalista e o socialista —

(9) Veja-se Bergson (3), cap. XIV.

supõem que seja possível controlar o sistema econômico e guiá-lo em direção a fins desejados. Para isso, é necessário o uso de modelos teóricos capazes de prever a realidade. A atuação sobre a economia só é possível porque se conhecem as regras que a orientam e há uma explicação de seu funcionamento.

Embora os dois sistemas possam ter objetivos diferentes, o modelo implícito em ambos é essencialmente o mesmo. A forma de dominar as forças econômicas é que varia, num caso usando-se principalmente o sistema de preços e no outro a alocação direta de recursos. É claro que há algumas diferenças importantes: como no sistema socialista o Estado tem a propriedade dos meios de produção, a oferta não precisa orientar-se pelos estímulos de demanda, e o problema do desemprêgo deixa de ser cíclico para ser estrutural apenas. As relações entre as variáveis econômicas, porém (o corpo da teoria econômica) são em linhas gerais as mesmas nos dois casos, embora manipuladas de forma diferente, isto é, embora se faça do modelo outro uso.

Sendo comparáveis os sistemas de planejamento, e tendo o Governo, como vimos, instrumentos de controle sobre a economia, o que explica o sucesso ou fracasso do planejamento? A pergunta deve referir-se não a uma comparação entre capitalismo e socialismo, mas à avaliação de qualquer experiência concreta de planejamento. O que se deseja, assim, é medir a distância entre o modelo teórico e sua aplicação.

Todo modelo pressupõe a racionalidade da ação, isto é, que seja possível prever a realidade e portanto mudá-la. A previsão é feita através da escolha de variáveis relevantes para explicar a situação. Não há, necessariamente, uma relação determinista entre as variáveis e o fenômeno explicado, mas uma correlação estatística — o conceito de causalidade é probabilístico. Supõe-se que haja regularidade nos fenômenos e que as relações estruturais se repitam, ou seja, supõe-se que os acontecimentos não sejam únicos e a história não se dê ao acaso. As variáveis usadas no modelo explicam sempre uma certa porcentagem do fenômeno — o resto é atribuído a fatores não identificados, ao acaso, ao que não pode ser analisado racionalmente.

O fracasso ou não do planejamento está obviamente ligado à exclusão de variáveis importantes. Assim, raramente os planos incluem variáveis fundamentais, como a organização administrativa e burocrática, o planejamento financeiro e orçamentário, as formas de ligar o plano à sua execução, a influência das instituições vigentes e do quadro político do momento etc. Embora sejam poucos os estudos elaborados sobre esses problemas, deve ser possível incluí-los no planejamento. Os artigos deste livro procuram justamente fazer uma análise dessas condições responsáveis pelo destino dos planos.

A principal deficiência dos planos, porém, talvez se deva a fatores em geral não passíveis de inclusão em modelos, ao que Maquiavel atribuiu à fortuna, e costumamos chamar de irracional ou aleatório. A coesão política em torno do plano, a coincidência entre objetivos dos membros da coletividade, a ligação entre a estrutura política e a eficácia do sistema, a consciência da necessidade de mudança e a vontade de levar à frente um programa, são essas as variáveis que escapam ao controle e à atuação. O que não quer dizer que se deva desistir de agir, pois como dizia Maquiavel, "a fortuna comanda a metade de nossas ações, mas nos deixa governar, ou quase, a outra metade".

Referências Bibliográficas

(1) BALASSA, Bela. *The Hungarian Experience in Economic Planning. A Theoretical and Empirical Study* (Yale University Press, N. Y., 1959).

(2) BARONE, E. "The Ministry of Production in the Collectivist State" (1908), in F. A. Hayek, ed., *Collectivist Economic Planning* (Routledge, Londres, 1935).

(3) BERGSON, Abram. *The Real National Income of Soviet Russia Since 1928* (Harvard Univ. Press, Cambridge, 1961).

(4) BOULDING, K. E. "Welfare Economics" in *A Survey of Contemporary Economics*, Vol. II, B. F. Haley (ed.) American Economic Association, 1952.

(5) CHENERY, H. B. a) "Comparative Advantage and Development Policy", *American Economic Review*, vol. LI, nº 1, março, 1961; b) "Interdependence of Investment Decision", in *The allocation of Economic Resources*, M. Abramovitz et al. Stamford, Univ. Press, 1965.

(6) DOBB, M. *Political Economy and Capitalism* (Londres, 1937).

(7) DORFMAN, R. Samuelson, P. A. e Solow R. N. *Linear Programming and Economic Analysis* (McGraw-Hill, N. York, 1958).

(8) HAYEK, F. A. von. "The nature and H tory of the Problem", cap. I, "The present State of the Debate", cap. V, in *Collectivist Economic Planning* (Routledge, Londres, 1935).

(9) HENDERSON, J. M., e QUANDT, R. E. *Microeconomic Theory* (N. York, 1958).

(10) HOLZMAN, F. D., (ed.) *Readings on the Soviet Economy* (Rand McMilly, 1963).

(11) LANGE, Oskar e TAYLOR, Fred M., *On the Economic Theory of Socialism* (McGraw-Hill, 1965).

(12) MISES, L. von. "Economic Calculation in the Socialist Commonwealth", in *Collectivist Economic Planning*, op. cit.

(13) MISHAN, E. J. "A Survey of Welfare Economics, 1939/1959", in *Surveys of Economic Theory*, vol. I, American Economic Association and Royal Economic Society (St. Martin's Press, N. York, 1967).

(14) MONTIAS, J. M. "Planning with Material Balances in Soviet Type Economics", *American Economic Review*, vol. XLIX, dez. 1959.

(15) ROBBINS, Lionel. *The Great Depression* (Mcmillan, and Co., Londres, 1934).

(16) SAMUELSON, Paul E. "Evaluation of Real National Income" in *Oxford Economic Papers*, 1950, vol. 2, nº 1.

(17) SWEEZY, Paul M. *Socialism* (McGraw Hill, N. Y., 1949).

(18) ZAUBERMAN, Alfred, "The Soviet and Polish Quest for a Criterion of Investment Efficiency", *Economica*, vol. XXIX, n.o 115, Londres, agôsto 1962.

O PLANEJAMENTO NO BRASIL — OBSERVAÇÕES SOBRE O PLANO DE METAS (1956-1961)

Celso Lafer

Sumário: 1. A Decisão de Planejar. 2. O Plano em Si. 3. A Implementação do Plano. 4. Conclusão.

A partir da década de 1940 várias foram as tentativas de coordenar, controlar e planejar a economia brasileira. Entretanto, o que se pode dizer a respeito dessas tentativas até 1956 é que elas foram mais *propostas* como é o caso do relatório Simonsen (1944-

-1945); mais *diagnósticos* como é o caso da Missão Cooke (1942-1943), da Missão Abbink (1948), da Comissão Mista Brasil-E.U.A. (1951-1953); mais *esforços no sentido de racionalizar o processo orçamentário* como é o caso do Plano Salte (1948); mais *medidas* puramente *setoriais* como é o caso do petróleo ou do café do que experiências que pudessem ser enquadradas na noção de planejamento pròpriamente dito. O período de 1956-1961, no entanto, deve ser interpretado de maneira diferente pois o *plano de metas,* pela complexidade de suas formulações — quando comparado com essas tentativas anteriores — e pela profundidade de seu impacto, pode ser considerado como a primeira experiência efetivamente posta em prática de planejamento governamental no Brasil. Daí a importância do estudo do Plano de Metas se se deseja conhecer não só a evolução histórica do planejamento no Brasil como também as condições atuais do planejamento no País, as quais resultam em parte de determinadas opções tomadas e desenvolvidas naquele plano e, em parte, do progresso mais recente na aplicação de novas metodologias.

O processo de planejamento, embora na realidade seja uno, pode ser dividido, para comodidade de análise, em fases distintas. Neste trabalho, sugere-se a consideração de três fases: *a decisão de planejar, o plano em si e a inplementação do plano.* A decisão de planejar é essencialmente uma decisão política, pois é uma tentativa de alocar explicitamente recursos e, implicitamente, valores, através do processo de planejamento e não através dos demais e tradicionais mecanismos de sistema político. A implementação do plano é, também, essencialmente, um fenômeno político pois é uma forma de se aferir quanto da tentativa de alocar recursos e valores se efetivou ou, em outras palavras, qual é a relação num dado sistema entre política e administração. O plano em si é, de todas as fases mencionadas do processo de planejamento, a que mais pode ser examinada de um ponto de vista estritamente técnico, pois, mormente se existir um documento escrito, o plano pode ser analisado à luz de critérios econômicos, através dos quais se testa a sua consistência interna e a compatibilidade de seus objetivos. Este artigo organiza-se em tôrno dessas três fases, cujas perspectivas teóricas acabam de ser sucintamente resenhadas[1], e objetiva descrever as linhas gerais do processo de planejamento no Brasil durante os anos de 1956-1961. Evidentemente, dadas as limitações do espaço e da conveniência, os fatos terão aqui apenas um caráter ilustrativo, reservando-se para outra oportunidade uma comprovação detalhada das hipóteses do modelo de interpretação que se vai propor.

A Decisão de Planejar

Quais foram os prováveis motivos que teriam levado Kubitschek a propor, quando candidato, e a sustentar, como presidente empossado, o planejamento como solução para os problemas brasileiros? A resposta a esta pergunta, na medida em que se considera a decisão de planejar como uma decisão essencialmente política, deve começar por uma indagação quanto às características fundamentais do sistema político brasileiro.

Na história brasileira, esse período se insere em uma época marcada pela ampliação da participação política. De fato, se se tomar o voto como medida preliminar de participação política, verifica-se que, na República Velha, a porcentagem do voto dado em relação à população total não ultrapassou 4%, enquanto que, no período que se inicia com Dutra e se encerra com a queda de Goulart, esta porcentagem se elevou de 13,4% (em 1945) para 17,7% (em 1960)[2]. Por

(1) Cf. sobre os problemas mencionados: HÉLIO JAGUARIBE, *Economic and Political Development* (a theoretical approach and a Brazilian case study), Cambridge: Harvard University Press, 1968; ALBERT WASTENSTON, *Development Planning* (lessons of experience), Baltimore: John Hopkins, 1965; *Discussiones sobre Planificación* (textos del ILPES — informe de um seminário — Santiago de Chile, 6 a 14 de julio de 1965), 2ª ed,. México, Siglo XXI, 1968; LUCIEN MEHL, "Pour une théorie cybernetique de l'action administrative", in GEORGES VEDEL ed., *Traité de Science Administrative*, Paris: Mouton, 1966, págs. 781 a 833; *La planification comme processus de décision*, vários autores, Paris: Colin, 1965; DAVID EASTON, *A System's Analysis of Political Life*, New York: Wiley, 1965; HERBERT A. SIMON, "Political Research: The Decision-Making Framework", in DAVID EASTON ed., *Varieties of Political Theory*, Englewood-Cliffs, N. J.: Prentice-Hall, 1966, págs. 15 a 24; ROBERT T. DALAUD, *Brazilian Planning*, Chapel Hill: The University of North Carolina Press, 1967; RAYMOND A. BAUER, KENNETH J. GEROEN eds., *The Study of Policy Formations*, New York: Free Press, 1968.

(2) Cf. GUERREIRO RAMOS, *A Crise do Poder no Brasil*, Rio de Janeiro: Zahar, 1961, pág. 32; CHARLES DAUGHERTY, JAMES ROWE, RONALD SCHNEIDER, eds., *Brazil Election Factbook* (nº 2, setembro 1965), pág. 19; *Resenha do Govêrno do Presidente Juscelino Kubitschek* (1956-1961), Tomo I, Rio de Janeiro: Presidência da República, 1960, págs. 22 a 28.

outro lado, é de supor que a esta ampliação de participação política tenha correspondido maior mobilização política, uma vez que ocorreram mudanças importantes na distribuição ocupacional e urbana da população brasileira. Na década de 1950, o índice de crescimento da população brasileira foi de 3%, mas o índice de crescimento da população urbana, de 6%. Em 1950, 36,2% da população brasileira era urbana enquanto que, em 1960, esta porcentagem subiu para 45,1%[3]. Os índices de crescimento geométrico, por setores, da população economicamente ativa, no período de 1940-1960, por outro lado, foram os seguintes:

setor secundário: 3,76
setor primário: 1,53
setor terciário: 3,73

a indicarem que a ampliação do voto se operou num momento de mudança social e econômica[4]. Essas observações, meramente formais, ajudam a compreender os limites dentro dos quais funcionaram os esquemas concretos de compatibilização das aspirações e comportamentos do tipo massa-elite, no período que está sendo examinado. O acréscimo de participação política não foi canalizado através de instituições, pois o sistema partidário brasileiro permaneceu, para usar a conhecida distinção de Duverger, um sistema de partidos de quadros e não de massas[5]. O resultado foi o aparecimento de relações diretas do tipo massa-elite que se exprimiram através do populismo e cuja dinâmica e conteúdo podem ser resumidos, segundo Weffort, da seguinte maneira: por um lado, as novas massas politicamente relevantes outorgavam, através do voto, legitimidade ao regime e à conciliação entre as elites e estas por sua

(3) *Programa Estratégico de Desenvolvimento* — 1968-1970, Ministério do Planejamento e Coordenação Geral, junho de 1968, vol. II, cap. XIX; APEC, *A Economia Brasileira e Suas Perspectivas* (novembro de 1962), pág. 12, quadro 3.

(4) IPEA — publicação no *Jornal do Brasil*, de 13 de maio de 1968, caderno especial, p. 5; cf. sôbre o problema no conjunto os dados e interpretações de JUAREZ BRANDÃO LOPES, *Desenvolvimento e Mudança Social*, São Paulo: Cia. Editôra Nacional, 1968.

(5) MAURICE DUVERGER, *Political Parties* (revised edition, 1959), London: Mathews, 1964, pp. 63 a 71; TOCARY ASSIS BASTOS e NILZA DA SILVA ROCHA, "Análise das Eleições de 1962 em Minas", *Revista Brasileira de Estudos Políticos*, 16 (janeiro de 1964), pp. 307 a 391; sôbre o problema mais amplo da política de massas, cf. SAMUEL P. HUNTINGTON, *Political Order in Changing Societies*, New Haven: Yale University Press, 1968; cf. igualmente HÉLIO JAGUARIBE, *Problemas de Desenvolvimento Latino-Americano*, Rio de Janeiro: Civilização Brasileira, 1967, pp. 145 a 172.

vez se comprometiam a ampliar as oportunidades de emprego, garantindo dessa maneira a legitimidade de seu mando[6].

Pois bem, vistas, sucintamente, essas características básicas do sistema político brasileiro no período em que Kubitschek foi eleito, cabe a pergunta: em que medida o populismo foi ou não responsável pela decisão de planejar? É evidente que a dinâmica do populismo exigia a contínua expansão das oportunidades de emprego, e a *percepção* de sua dinâmica — indispensável para a persistência do sistema — exigia um atendimento, por parte dos governantes, das necessidades dêsses novos grupos. Ora, Kubitschek, a partir dessa dinâmica, chegou à conclusão de que novas medidas eram necessárias para solucionar a crise brasileira — segundo ele, uma crise de crescimento — à qual não se deveriam aplicar remédios contra a senectude. O Brasil não era, na sua opinião, um país de produtos agrícolas por vocação hereditária e, conseqüentemente, uma vigorosa política de industrialização, com vistas para o futuro, se fazia necessária. Para obter-se essa industrialização, propôs durante a campanha eleitoral um planejamento setorial que teria como *fim* último a melhoria do nível de vida da população e como meios de atuação, a *manipulação* de incentivos[7]. Conforme se verifica, essa colocação do problema do planejamento estava atenta às características do sistema político, pois, buscando garantir a sua continuidade pela elevação do nível de vida da população, e o seu funcionamento através da manipulação de incentivos, adotava a tradição de conciliação das elites brasileiras. Ora, essa colocação do problema, feita durante a campanha eleitoral, veio a ter um profundo impacto na administração. De fato, a decisão administrativa, como já o demonstrou Herbert Simon, é uma decisão que satisfaz e não uma decisão que otimiza. Toda organização define quais os fatos e os valores considerados relevantes para essa organiza-

(6) FRANCISCO C. WEFFORT, *Classes Populares e Política* (contribuição ao estudo do populismo), tese de doutoramento, Universidade de São Paulo, abril de 1968, p. 139; cf. igualmente OCTAVIO IANNI, *O Colapso do Populismo no Brasil*, Rio de Janeiro: Civilização Brasileira, 1968.
(7) JUSCELINO KUBITSCHEK DE OLIVEIRA, *Diretrizes Gerais do Plano Nacional de Desenvolvimento*, Belo Horizonte: Liv. Oscar Nicolsi, 1955, pp. 13, 14, 15, 25, 26, 27, 32, 38, 39 e *passim*; *Mensagem ao Congresso Nacional*, Rio de Janeiro: Imprensa Nacional, 1956, pp. 239, 274, 275, 279 e *passim*.

ção, e as decisões resultam desses fatos e valores, erigidos em premissas que fixam os limites reais da racionalidade, num determinado contexto organizacional[8]. Entretanto, esses limites não são estáticos ou permanentes. Uma organização é um sistema aberto e, quando não consegue, com base em suas premissas, solucionar os problemas, surge uma situação dilemática que provoca uma reformulação das premissas através da inserção de novos fatos e valores[9]. A administração pública de um país é um sistema aberto para o sistema político como um todo; a administração pública brasileira, no período em estudo, à medida que se viu forçada a enfrentar o problema da expansão das oportunidades de emprêgo, colocado pela ampliação da participação política, enfrentou uma situação dilemática que exigia novas premissas. Se essas observações são corretas, pode-se, então, chegar a uma primeira conclusão: *a ampliação da participação política provocou um dilema que não se resolvia no contexto das premissas existentes e a solução aventada para enfrentar esse dilema foi o planejamento: a decisão de planejar, portanto, resultou da percepção da dinâmica do sistema político.*

Essa conclusão, embora válida, não esgota a problemática que está sendo examinada, pois ela explica como a percepção do dilema obrigou a uma reformulação das premissas, mas não esclarece quais foram e como se originaram os novos fatos e valores que vieram a se transformar nas novas premissas. De fato, a ampliação da participação, não se tendo institucionalizado, gerava uma informação muito difusa que apenas servia para fixar objetivos amplos, mas era incapaz, por si só, de converter-se em programa de ação administrativa. Quais foram, então, os conceitos e critérios que levaram à *preparação da decisão,* — cuja necessidade fora provocada pela dinâmica do sistema político — e como se originaram? O Governo convocou uma equi-

(8) HERBERT A. SIMON, *Administrative Behavior,* (2ª ed., 1957), New York: Free Press, 1965, XXV, pp. 79 a 109 e *passim;* HERBERT A. SIMON, "Theories of Decision-Making in Economics and Behavioral Science" *in Surveys of Economic Theory,* vol. III (ressource allocation), London: Macmillan, 1967, pp. 19 e 20; JAMES C. MARCH, HERBERT A. SIMON, *Organizations,* New York: Wiley, 1958, pp. 137 a 171.

(9) SAMUEL KATZ, ROBERT S. KAHN, *The Social Psychology of Organization,* New York: Wiley, 1966, pp. 448, 449 e 276; FRED H. RIGGS, *Administration in Developing Countries,* Boston: Boughton Mifflin, 1964, pp. 391 a 430; GIORGIO FREDDI, *L'Analisi Comparata di Sistemi Burocratici Publici,* Milano: Giuffre, 1968.

pe de técnicos, chefiada por Lucas Lopes, que tinha participado das tentativas anteriores de planejamento e contrôle da economia brasileira — notadamente da Comissão Mista Brasil-E.U.A. e da assessoria econômica de Getúlio Vargas no período 1950-1954. Esses técnicos, postos diante da situação de traduzir em programas de desenvolvimento econômico o imperativo político de aumentar o nível de vida da população, reformularam e desenvolveram uma série de conceitos, já esboçados nas tentativas anteriores de planejamento. Da utilização conjunta e integrada desses conceitos surgiu a percepção da importância dos cinco setores abrangidos pelo Plano de Metas: energia, transportes, alimentação, indústrias de base e educação. Também o detalhamento dêsses setores em metas operou-se graças à utilização conjunta desses conceitos.

O conceito de *ponto de estrangulamento,* isto é, a percepção de que existiam certas áreas de demanda insatisfeitas que estrangulavam a economia justificou bàsicamente o planejamento dos setores de *energia, transportes* e *alimentação.* De fato, como já tinha apontado a Comissão Mista Brasil-E.U.A., o desequilíbrio de desenvolvimento econômico brasileiro tinha provocado uma demanda insatisfeita de infra-estrutura e esta demanda deveria ser prioritàriamente atendida se se desejasse prosseguir no esforço de expansão econômica do país[10]. O conceito de *ponto de germinação,* também elaborado pela Comissão Mista — e que era basicamente o oposto do conceito de ponto de estrangulamento, pois partia do pressuposto de que a oferta de infra-estrutura provocaria atividades produtivas — justificou a meta de Brasília, que não fazia, inicialmente, parte do Plano de Metas. Justificou igualmente investimentos no setor de transportes (rodovias) pois as ligações do país com Brasília, assim se supunha, provocariam a integração e o desenvolvimento do *hinterland*[11]. A experiência do *controle do comércio exterior,* que resultou das difi-

(10) *Comissão Mista Brasil-Estados Unidos para Desenvolvimento Econômico — Relatório Geral,* Rio de Janeiro; 1954, 1º tomo, p. 135; cf. sôbre a importância do conceito no Plano de Metas, *Presidência da República — Conselho de Desenvolvimento — Plano de Desenvolvimento Econômico — estudos e relatórios,* vol. I, Rio de Janeiro, 1957, pp. 3 e 4; cf. igualmente ALBERT O. HIRSCHMAN, *The Strategy of Economic Development* (1958), New Haven: Yale University Press, 1965.

(11) ALBERT O. HIRSCHMAN, *op. cit.;* JUSCELINO KUBITSCHEK DE OLIVEIRA, *A Marcha do Amanhecer,* São Paulo: Bestseller, 1962, pp. 74 e seguintes.

culdades anteriores do balanço de pagamentos[12], forneceu critérios para o planejamento da substituição de importações através da noção de *ponto de estrangulamento externo,* definido pelas limitações à *capacidade de importar*[13]. Esses critérios foram ou *diretos* — percepção da prioridade pela importância dos produtos na lista de importações — como é o caso da indústria automobilística no setor de indústrias de base, das metas de petróleo (produção e refinação) no setor de energia, e da meta de trigo no setor de alimentação; ou *indiretos* — a percepção da prioridade dos bens a serem produzidos internamente apurava-se pelo impacto estrutural, conjuntural e cambial que a produção interna desses bens geraria no conjunto da economia brasileira. Esses critérios indiretos foram fundamentais pois levaram à noção de *demanda derivada*[14] de outras metas, provocando a percepção da interdependência da economia como um todo, o que acabou por levar a uma orientação quanto ao quarto setor do plano de metas, a saber, *indústrias básicas.* Assim, a meta 29 — indústria mecânica e de material elétrico pesado — foi programada tendo-se em vista a demanda derivada, do setor de indústrias de base (por exemplo, a automobilística e a de construção naval) e do setor de energia (como a de reequipamento e construção de ferrovias). A indústria automobilística levou à programação de auto-peças, de metais não-ferrosos e de borracha. A meta de mecanização da agricultura levou à meta de fabricação de tratores no contexto da indústria automobilística; a meta da marinha mercante, à indústria de construção naval; a meta de cimento foi programada tendo-se em vista o impacto global dó plano de metas[15]. Essa noção de interdependências e demanda derivada levou igualmente à identificação do quinto setor do plano de metas, a saber, *educação,* tendo-se em vista

(12) Cf. MÁRIO DA SILVA PINTO, *O Controle do Comércio Exterior e o Desenvolvimento Econômico do Brasil* (mimeografado), Rio de Janeiro: Consultec, 1962.

(13) *BNDE — Relatório Anual,* Rio de Janeiro, 1957, p. 44; Presidência da República, Conselho de Desenvolvimento, *Programa de Metas, Relatório das Atividades de 1958,* Rio de Janeiro, 1959, pp. 20 e 21.

(14) Presidência da República, Conselho de Desenvolvimento, *Programa de Metas, Situação em 30 de Setembro de 1958* (mimeografado), vol. II, p. 148; cf. ALBERTO O. HIRSCHMAN, *op. cit.*

(15) Cf. os documentos citados do Conselho de Desenvolvimento e também *Presidência da República, Conselho de Desenvolvimento, Programa de Metas,* tomo I, Introdução, Rio de Janeiro, 1958; cf. igualmente ROBERTO CAMPOS, *Economia, Nacionalismo e Planejamento,* Rio de Janeiro: APEC, 1963.

um futuro ponto de estrangulamento de pessoal técnico que resultaria do desenvolvimento das atividades produtivas no qüinqüênio, como conseqüência do Plano de Metas.

Conforme se verifica, a utilização conjunta dêsses conceitos, provocada pela ampliação da participação política, alargou a racionalidade do sistema de maneira muito mais intensa do que a sua utilização anterior, feita em esferas de jurisdição limitada, pois permitiu uma visão geral da economia brasileira e da interdependência dos seus setores. É essa visão geral da economia brasileira que explica o Plano de Metas e a sua técnica de planejamento, isto é, o plano em si, que será o objeto da segunda parte deste artigo.

O Plano em Si

A técnica de planejamento do Plano de Metas resulta da visão geral da economia brasileira que se acaba de relatar. Uma vez identificados os setores e, dentro dos setores, as metas — através do emprêgo integrado dos conceitos de pontos de crescimento, pontos de estrangulamento internos e externos, interdependência dos setores e demanda derivada — o plano procurou fixar para cada meta um objetivo. A quantificação desse objetivo, em regra geral, foi feita da seguinte maneira: foram elaborados estudos das tendências recentes da demanda e da oferta do setor e, com base neles, projetou-se, por extrapolação, a composição provável da demanda dos próximos anos, na qual também se considerou o impacto do próprio plano de metas. Os resultados dessa extrapolação é que permitiram a fixação de objetivos quantitativos a serem atingidos durante o qüinqüênio. Esses objetivos foram continuamente testados e revistos durante a aplicação do plano, através do método de aproximações sucessivas que constituiu, por assim dizer, o mecanismo de *feedback* do plano de metas, conferindo-lhe as características de um planejamento contínuo [16].

(16) *Programa de Metas — Relatório das Atividades de 1958*, cit. pp. 18 a 23; *Programa de Metas — Situação em 30 de setembro de 1958*, cit. vol. I, pp. II a III; JOÃO PAULO DE ALMEIDA MAGALHÃES, "Planejamento e Experiência Brasileira", *Revista Brasileira de Economia*, 16 (n.o 4, dezembro de 1962) pp. 14 e 15; HÉLIO JAGUARIBE, *Political and Economic Development*, cit. pp. 149 e 150.

Conforme se verifica, a técnica de planejamento utilizada — que era a única compatível com a experiência e a informação estatística existentes na época — era capaz de programar adequadamente cada setor, mas era incapaz de coordenar ou testar rigorosamente a compatibilidade dos setores. A consistência do plano, portanto, não resultou da sua técnica de planejamento, mas da aplicação dos conceitos cuja elaboração e aplicação foram discutidos na primeira parte deste trabalho e que foram responsáveis pela visão geral de economia brasileira que o Plano de Metas incorporou.

O Plano de Metas englobou cerca de um quarto da produção nacional[17]. Este aspecto do plano de metas, como planejamento setorial e não global, tem conseqüências relevantes do ponto de vista da sua implementação. De fato, à medida que a decisão política de planejar não englobava a totalidade da produção, parte ponderável dos recursos nacionais puderam ser alocados através dos mecanismos tradicionais do sistema político, o que evidentemente facilitou a implementação do processo de planejamento, que é o assunto do qual se tratará na terceira parte deste artigo.

A Implementação do Plano

Antes de se apresentarem os resultados do Plano de Metas, cabe fazer uma rápida referência ao estado em que se encontrava a administração pública brasileira no ínicio do período em estudo, para se apurarem quais eram as condicionantes operacionais do sistema e, conseqüentemente, quais teriam sido as opções possíveis para a decisão de preparar a implementação do plano. As reformas na administração pública brasileira, notadamente a introdução do sistema de mérito, iniciaram-se na década de 1930. Entretanto, diversos fatores de ordem política, entre os quais cabe mencionar a persistência da política de clientela, diluíram o impacto dessa reforma[18]. Se se tomar como um critério preliminar para se aferir essa diluição a relação en-

---
(17) *Programa de Metas — Relatório das Atividades de 1958*, cit. p. 21.
(18) Cf. JUAREZ BRANDÃO LOPES, *op. cit.*; HÉLIO JAGUARIBE, *Condições Institucionais do Desenvolvimento*, Rio de Janeiro: ISEB, 1958; MÁRIO WAGNER VIEIRA DA CUNHA, *O Sistema Administrativo Brasileiro*, Rio de Janeiro: INEP, 1963.

tre funcionários concursados — que ingressaram no serviço público pelo sistema de mérito, exigência legal que data da Constituição de 1934 — e funcionários não--concursados — que ingressaram no serviço público através de influências e acomodações políticas — verifica-se que a porcentagem dos concursados em relação ao funcionalismo total oscila, segundo diversas estimativas, entre 10 a 17%.[19] Em 1958, segundo os dados do censo do servidor público federal, havia 229.422 funcionários públicos federais, porém, até aquela época, o DASP só havia habilitado em concurso 28.406[20] pessoas, donde a ilação de que, na melhor das hipóteses, apenas 12% do funcionalismo público federal teria ingressado pelo sistema de mérito. Se a isto acrescentarmos que, em geral, diversos textos legais dissolveram as diferenças jurídicas entre concursados e não-concursados (extranumerários tornando-se funcionários; interinos efetivando-se etc.), diluindo, dessa maneira, nos diversos órgãos governamentais o impacto das medidas que visavam ao aprimoramento da administração pública, pode-se concluir que a competência no serviço público era difusa. Essa conclusão confirma-se com as pesquisas recentes de Astério Dardeau Vieira através das quais se verificou que o comportamento geral dos concursados é superior ao dos não-concursados[21], evidenciando-se, portanto, que o critério adotado para aferir o problema encontra amparo nos dados empíricos coligidos até o presente momento. Pois bem, diante dessa situação de competência difusa, quais as opções do Governo no sentido de preparar a implementação do Plano de Metas? Em 1956, duas foram as alternativas apresentadas, uma pela CEPA (Comissão de Estudos e Planejamento Administrativo) que propunha prosse-

(19) Cf. BEATRIZ WAHRLICH, "O Ensino da Administração Pública no Brasil", *Revista Brasileira de Estudos Políticos*, 19 (janeiro de 1965), p. 75; KLEBER NASCIMENTO, "Personnel Administration in Brazil and France: an attempt to use the prismatic model", in *Papers in Comparative Administration* (mimeografado), RICHARD W. CABLE, editor, School of Public Administration, University of Southern California, Junho de 1965, p. 19; GILBERT BYRON SPIEGEL, "Administrative Values and the merit system in Brazil" in *Perspectives of Brazilian Public Administration*, ROBERT T. DALAUD, editor (mimeografado), School of Public Administration, University of Southern California, 1963, p. 1.
(20) *Anuário Estatístico do Brasil, IBGE*, Rio de Janeiro, 1959, pp. 428 e 429. Dados sôbre concursos realizados fornecidos pelo DASP, ao autor que agradece à instituição na pessoa do sr. Admar Salgado.
(21) ASTÉRIO DARDEAU VIEIRA, *A Administração de Pessoal Vista pelos Chefes de Serviço*, Rio de Janeiro: Fundação Getúlio Vargas, 1967, p. 60.

guir nas tentativas, iniciadas em 1953, de uma reforma total da administração e outra simbolizada pela criação do GEIA (Grupo Executivo da Indústria Automobilística), que propunha, implìcitamente, a criação de órgãos paralelos à administração normal, que seriam os encarregados da implementação do plano[22]. Kubitschek acabou optando pela segunda alternativa, recordando-se, sem dúvida, das dificuldades até então encontradas para a reforma administrativa total e intuindo que a racionalidade administrativa, como observa Crozier, não é só o caminho mais adequado idealmente, mas, sim, o caminho mais adequado tendo-se em vista a resistência previsível aos meios de que se pode dispor numa situação dada[23].

Quais foram as condições de funcionamento no período 1956-1961 dos órgãos utilizados ou criados para implementar-se o Plano de Metas? Conforme já se disse, o Govêrno não optou pela reforma total da administração pública, mas, sim, pela alternativa da administração paralela. Esta administração paralela era constituída ou por órgãos existentes — em que a diluição do sistema de mérito não tinha ocorrido, como é o caso do BNDE, do Banco do Brasil (CACEX), da SUMOC — ou, então, por órgãos novos para os quais se drenou a competência disponível no serviço público, através da requisição, como é o caso, por exemplo, dos Grupos Executivos, do Conselho de Política Aduaneira. Esses órgãos transformaram-se, por assim dizer, em "órgãos de ponta" da administração pública brasileira, que conseguiram controlar a execução do plano de metas, dadas as condições da economia brasileira no período 1956-1961[24]. De fato, o período do Plano de Metas caracterizou-se por ser uma fase de intensa substituição de importações em que a principal zona de incerteza do sistema era externa. Basta dizer que, do

---

(22) *Presidência da República — Comissão de Estudos e Projetos Administrativos — A Reforma Administrativa Brasileira*, 4 volumes, Departamento de Imprensa Nacional, 1960, 1961, 1963; *Presidência da República — Conselho de Desenvolvimento — Relatório do Grupo de Trabalho sôbre Indústria Automobilística* (doc. 6), Rio de Janeiro, 1956; HÉLIO JAGUARIBE, "Sentido e Perspectiva do Govêrno Kubitschek", *Cadernos do Nosso Tempo*, nº 5 (janeiro-março de 1956), pp. 10 e 11.

(23) MICHEL CROZIER, "Pour Une Theorie Sociologique de l'Action Administrative", in *Traité de Science Administrative*, GEORGES VEDEL, ed., cit., p. 761.

(24) Cf. "Fifteen Years of Economic Policy in Brazil", in *Economic Bulletin for Latin America*, vol. IX, nº 2, novembro de 1964, pp. 186 a 196.

total dos recursos necessários previstos para a implementação do plano, 43,9% se destinavam à importação de bens e serviços[25]. Ora, como aponta Crozier, num sistema de relações e de atividades, quem controla uma zona de incerteza dispõe de um poder considerável uma vez que a situação dos demais componentes do sistema poderá ser efetuada por essa incerteza[26].

Foi precisamente o controle formal e real da zona de incerteza que garantiu a essa administração paralela as condições de seu efetivo funcionamento, pois as metas do plano, fundamentalmente, ou eram metas de infra-estrutura ou eram metas de substituição de importações. Em ambos os casos, a zona de incerteza era a oferta de tecnologia e/ou a oferta de recursos financeiros[27] controlada por esses órgãos de ponta da administração pública, dada a situação estratégica em que se encontravam na manipulação de incentivos instituídos pelo Plano de Metas. De fato, recursos financeiros, no volume necessário, e tecnologia, nas dimensões requeridas, eram externos ao sistema, requerendo-se, pois, licenças de importação, câmbio, financiamentos, avais e garantias etc., só acessíveis através desses órgãos de ponta encarregados da implementação do plano. Foi esta situação estratégica que conferiu viabilidade administrativa à fiscalização da execução do Plano de Metas que foi coordenada da seguinte maneira: *i)* em relação ao *setor privado,* criaram-se os *grupos executivos* que se compunham de todos os órgãos responsáveis pela concessão desses incentivos[28]. Os grupos executivos centralizando e harmonizando, dessa forma, a decisão administrativa e descentralizando a execução de suas decisões conseguiram institucionalizar as novas premissas, cuja elaboração foi discutida na primeira parte deste artigo; *ii)* em relação ao *setor público,* a coordenação se fez, basicamente, através do

(25) *Presidência da República, Conselho de Desenvolvimento, Programas de Metas, Relatório das Atividades de 1958,* cit., pág. 20 (Quadro III).

(26) MICHEL CROZIER, cit. loc. cit., p. 771; MICHEL CROZIER, *Lhe Phenomène Bureaucratique,* Paris: Le Seuil, 1963, p. 220 e *passim.*

(27) Cf. sôbre problema de incerteza, ALBERT O. HIRSCHMAN, *Development Projects Observed,* Washington: Brookings, 1967, pp. 36, 37 e 38.

(28) Cf. discurso de LÚCIO MEIRA *in Report of the United Nations Seminar on Industrial Programming* (São Paulo, 4-15 março, 1963), E/CN.12/663, pp. 56 a 59.

BNDE, pois este controlava os mecanismos de financiamento do setor público, direta ou indiretamente ligados às metas de infra-estrutura: diretamente através dos recursos do programa de reaparelhamento econômico é dos avais e garantias que eram indispensáveis para a obtenção de financiamentos no exterior; indiretamente, porque os recursos vinculados (fundos), mesmo quando não manipuláveis discricionariamente pelo BNDE, aí eram depositados, constituindo-se em garantias para os financiamentos internacionais, o que acabou por fortalecer a posição do BNDE no contexto da administração pública brasileira[29].

Explicada a relação entre política e administração, isto é, vista a maneira pela qual os imperativos políticos, traduzidos em programas de ação administrativa, tiveram condições de institucionalizar-se no contexto da administração pública brasileira, através do contrôle da zona de incerteza, cabe agora apurar quais foram os resultados do plano de Metas.

A taxa média de crescimento P.I.B. foi de 7%, no período 1957-1962, o que contrasta favoravelmente com a taxa de 5,2% dos dois qüinqüênios anteriores. O crescimento da renda real *per capita* foi de 3,9%, o que também contrasta favoravelmente com os períodos anteriores (1947-1951; 1952-1956), quando esse crescimento foi de 2,1%[30]. Esses resultados amplos devem ser atribuídos ao impacto geral do Plano de Metas, pois as projeções do grupo misto CEPAL--BNDE, publicadas em 1956, eram pessimistas e previam dificuldades durante o qüinqüênio se novas medidas não fôssem tomadas para contrabalançar as tendências gerais da economia brasileira. Quanto aos setores específicos do plano, os resultados foram os seguintes[31]:

(29) Cf. *BNDE — 8ª exposição sôbre o programa do reaparelhamento econômico — exercício de 1959*, Rio de Janeiro; *Programa de Metas — Relatório das Atividades de 1958*, cit.

(30) *BNDE — XI exposição sôbre o programa de reaparelhamento econômico — exercício de 1962*, Rio de Janeiro, p. 3; Presidência da República — *Plano Trienal de Desenvolvimento Econômico e Social, 1963-1965*, Síntese, dezembro de 1962, p. 23.

(31) A não ser indicação em contrário, a seguir, os dados apresentados foram extraídos do excelente trabalho da CEPAL, *Fifteen Years of Economic Policy in Brazil*, de CARLOS LESSA, citado na nota (24) e do *Relatório do Período 1956-1960*, 4 volumes, Presidência da República — Conselho de Desenvolvimento, dezembro de 1960.

I. O *setor de energia*, que abrangia 43,4% do investimento inicialmente planejado, compreendia as seguintes metas:

1) *energia elétrica* — elevação da capacidade instalada em 1956 (3.500.000 kw) para 5.000.000 kw em 1960, e 9.000.000 kw em 1965. Em fins de 1960 tinham sido instalados 4.770.000 kw, portanto, 87,6% da meta, e em fins de 1961 esta capacidade atingia 5.205.000 kw.

2) *energia nuclear* — formação técnica de pessoal necessário à execução do programa nacional de energia nuclear; fabricação nacional de combustível nuclear, planejamento de instalações de usinas termelétricas, produção e distribuição de rádio-isótopos. Os objetivos da meta foram alcançados. Construiu-se e inaugurou-se o reator de pesquisas do Instituto de Energia Atômica na Cidade Universitária da U.S.P., bôlsas de estudos foram concedidas, realizaram-se prospecções de minérios nucleares; o Conselho Nacional de Energia Nuclear estocou material atômico produzido pela Orquima no Brasil etc.

3) *carvão mineral* — meta inicial, elevação da produção de carvão mineral para 2.500.000 t, em 1960; meta revista, 3.000.000 t para 1960. Em 1960 a produção foi de 2.199.000 t, portanto, inferior à meta inicial. Em compensação, em virtude de emprego do sistema *diesel* na rede ferroviária, o consumo de carvão decresceu.

4) *petróleo (produção)* — meta inicial, 90.000 bb/diários; meta revista, 100.000 bb/d. Alcançaram-se em 1960, 75.500 bb/d., portanto, 75,5% da meta revista. Em 1961 a produção atingiu 95.400 bb/d.

5) *petróleo (refinação)* — meta inicial, 175.000 bb/d., em 1960; meta revista, 308.000 bb/d. Em 1960 alcançaram-se 218.000 bb/d, portanto, 125% da meta inicial e 69% da meta revista. Em 1961 atingiram-se 308.600 bb/d.

II. *Setor de transportes*, que abrangia 29,6% do investimento inicialmente planejado, subdividia-se nas seguintes metas:

6) *ferrovias (reaparelhamento)* — meta revista: (a) material rodante de tração compreendendo a aquisição de nove locomotivas elétricas e 403 locomotivas *diesel*; (b) material rodante de transporte, compreendendo a aquisição de 1.086 carros de passageiros e 10.943 vagões de carga; (c) reaparelhamento da via permanente, com a aquisição de 791.600 t de trilhos e acessórios e substituição de dormentes. Resultados em 1960: foram adquiridas nove locomotivas elétricas e 380 do tipo *diesel*, portanto alcançaram-se respectivamente 100% e 95% da meta no item (a); (b) foram adquiridos 504 carros de passageiros e 6.498 vagões de transportes, portanto, 51% e 59% da meta no item (b); (c) foram adquiridos 613.259 t de trilho, logo, 77% da meta no item (a) e substituíram-se 14.931.505 dormentes, mais do que o dôbro do previsto. No

conjunto, portanto, estima-se que a meta alcançou 76% do previsto.

7) *ferrovias (construção)* — meta inicial, 1.500 km de ferrovias. Foram entregues ao público 826,5 km: atingiu-se, portanto, cerca de 50% da meta revista, cabendo, no entanto, dizer que, apesar de se ter estendido apenas de 3,2% a rede ferroviária do país, o volume de carga transportada no período 1955-1960 cresceu de 21,7% e o número de passageiros aumentou 19,0% graças ao conjunto das metas 6 e 7.

8) *rodovias (pavimentação)* — meta inicial, 3.000 km; meta revista, 5.000 km e meta novamente revista, 5.800 km. Alcançaram-se 6.202 km, portanto, 207% da meta inicial e 107% da revista. Os resultados foram brilhantes, pois o Govêrno aumentou, nesse período, em 100% a quilometragem de estradas federais pavimentadas.

9) *rodovias (construção)* — meta inicial, 10.000 km; meta revista 12.000 km, meta novamente revista, 13.000 km. Alcançaram-se 14.970 km, ou seja, 150% da meta inicial e 115% da meta novamente revista.

10) *serviços portuários e de dragagens* — a meta revista abrangia: *a)* obras portuárias, *b)* reaparelhamento, *c)* dragagem (25 milhões de metros cúbicos de terra e detritos a remover), *d)* equipamento de dragagem. Os itens de reaparelhamento e equipamento de dragagem foram integralmente cumpridos. Os outros dois itens foram abordados com firmeza, mas não integralmente cumpridos. Estima-se que a porcentagem do realizado sobre o previsto tenha sido de 56,1%.

11) *marinha mercante* — meta revista: incorporação de 30.000 dwt de navios de longo curso, 330.000 dwt de navios petroleiros e 200.000 dwt de navios de cabotagem. Meta alcançada: 65.000 dwt de longo curso, 300.000 dwt de petroleiros e 190.000 de cabotagem.

12) *transportes aeroviários* — meta revista: compra de aviões, reequipamento do material de vôo, implantação de uma infra-estrutura de vôo adequado, estabelecimento de indústria aeronáutica. Meta alcançada, em têrmos físicos: acréscimo de 13 unidades à frota aérea, e serviços de infra-estrutura, inclusive novos campos entre os quais o de Brasília. Por outro lado, o índice de toneladas/quilômetro de utilização, em 1960, foi 585.000.000, o previsto para a meta.

III. O *setor de alimentação*, exceção feita à meta 13 (trigo), em que se contemplou diretamente a agricultura, abrangeu investimentos visando ao fortalecimento da infra-estrutura agrícola dentro do conceito — apontado na primeira parte deste artigo — de pontos de estrangulamento. Compreendia as seguintes metas:

13) *trigo* — meta revista: 1.500.000 t a serem atingidas na safra de 1960. Em 1960 a produção de 370.000 t, portanto, muito aquém da meta planejada e da produção de 1955.

14) *armazéns e silos* — meta inicial: rede com capacidade estática de 530.000 t; meta revista, capacidade estática de 800.000 t, sendo 330.000 t para armazéns e 470.000, silos. Alcançaram-se 569.233 t de capacidade estática, 354.872 t em armazéns e 214.361 t em silos, portanto, 7% a mais da meta inicial e 71% da meta revista.

15) *armazéns frigoríficos* — meta inicial, capacidade estática de 100.000 t; meta revista, 45.000 t de capacidade estática. Ampliou-se em apenas 8.014 t a capacidade estática, durante o período, apesar dos estímulos governamentais.

16) *matadouros industriais* — meta inicial: construção de matadouros industriais com capacidade de abate diário de 3.550 bovinos e 1.300 suínos. Meta revista: capacidade de abate diário de 2.750 bovinos e 1.100 suínos. Alcançou-se capacidade para abate diário de 2.100 bovinos e 700 suínos, portanto, 80% da meta revista.

17) *mecanização da agricultura* — meta inicial: ampliar o número de tratores. Meta revista: aumentar o número de tratores para 72.000. Em 1957 o número de tratores em uso na agricultura era de 49.000. Em 1960 estimou-se a existência de 77.362 tratores; portanto, superou-se a meta revista.

18) *fertilizantes* — meta revista: atendimento ao *consumo* — 40.000 t de nitrogênio, 120.000 t de anidrido fosfórico, 60.000 t de óxido de potássio e a *produção* de adubos químicos básicos — 120.000 t de conteúdo de nitrogênio e anidrido fosfórico. Resultados para atendimento do consumo: 40.200 t de nitrogênio, 102.000 t de anidrido fosfórico e 65.000 t de óxido de potássio; portanto, 100,5%, 95% e 108% da meta fixada. Para a produção: 290.000 t, portanto, 2,5 vezes a quantidade fixada pela meta.

O setor de alimentação representava, no contexto inicial do Plano de Metas, apenas 3,2% do investimento planejado. Entretanto, não se pode dizer que essa pequena porcentagem tenha dificultado o desenvolvimento da agricultura brasileira. Independentemente do problema da justiça social no campo, que não cabe analisar neste artigo, cumpre observar que a taxa de crescimento da produção agrícola brasileira no período 1955-1960 foi de 7,2% ao ano, o que contrasta favoravelmente com a taxa de 3,3% do qüinqüênio anterior[32].

IV. O *setor de indústrias de base,* que absorvia 20,4% dos investimentos inicialmente contemplados pelo Plano de Metas, era um dos setores cruciais para se atingir a vigorosa política de industrialização de que falava Kubitschek na sua campanha eleitoral de 1955. Os resultados do setor, no conjunto, mostram que esse objetivo foi atingido, pois o ritmo de crescimento da produção industrial aumentou de mais de 96% sôbre 1955 — índice do volume físico da produção industrial

(32) ANTONIO DELFIM NETTO, AFFONSO CELSO PASTORE, EDUARDO PEREIRA DE CARVALHO, *Agricultura e Desenvolvimento no Brasil* (versão preliminar), São Paulo, Anpes, 1966, p. 45.

— crescimento que se compara muito favoravelmente com o índice de 1952-1955 que foi de 42%. Por outro lado, a produção industrial diversificou-se, ganhando maior ênfase o setor de bens de produção, conforme se verifica pela leitura do seguinte quadro:

PRODUÇÃO INDUSTRIAL

Bens de produção		Bens de consumo	
Nº índice 1949 = 100	Acréscimo s/ano anterior (%)	Nº índice 1949 = 100	Acrésc. s/ano anterior (%)
1956 207,3	21,7	164,7	6,6
1957 260,1	25,5	165,0	0,2
1958 352,2	35,4	167,2	1,3
1959 425,0	20,7	178,1	6,5

O setor subdividia-se nas seguintes metas:

19) *siderurgia* — meta inicial: elevar a capacidade de aciaria do parque siderúrgico a cerca de 2.300.000 t de aço bruto em lingotes, em 1960, e 3.500.000 t, em 1965 (a capacidade em 1955 era de 1.365.000). Em 1960 a produção atingia 2.279.000 t de lingotes e em 1961 a meta foi ultrapassada, quando a produção atingiu 2.485.000 t.

20) *alumínio* — meta revista: aumentar a capacidade nacional de produção de alumínio para 25.000 t em 1960. Em 1960 a produção de alumínio foi 16.573 t.

21) *metais não-ferrosos* — expansão das indústrias de chumbo, estanho, níquel e cobre, bem como implantação da metalurgia do zinco, até 1960. A metalurgia do zinco não foi implantada nem a produção de cobre aumentada em têrmos de assegurar auto-suficiência. Os resultados, no entanto, foram os seguintes, indicando que houve expansão:

	chumbo	cobre	estanho	níquel
		(produção em toneladas)		
1955	4.027	399	1.203	39
1960	9.976	1.212	2.330	95

22) *cimento* — meta inicial: elevação do potencial de produção para 5.000.000 t/ano em 1960. Alcançaram-se em 1960 4.369.250 t, portanto, 90,3% da meta.

23) *álcalis* — meta inicial, 140.000 t de álcalis; meta revista, 212.000 t de álcalis em 1960 — 140.000 t de soda cáustica e 72.000 t de barrilha. Alcançaram-se, no fim do qüinqüênio, 152.000 t de álcalis — 83.980 t de soda cáustica; portanto, 60% da meta e 65.000 t de barrilha; logo, 94% da meta.

24) *celulose e papel* — meta inicial: 200.000 t de celulose e 450.000 t de papel — inclusive, 150.000 t de papel jornal —

em 1960. Os resultados em 1960 foram 200.237 t de celulose e 505.089 t de papel, dos quais 65.760 t de papel jornal[33].

25) *borracha* — meta inicial, fomento; meta revista, 65.000 t — 40.000 t de borracha sintética e 25.000 de borracha natural. Atingiu-se em 1961 a capacidade de produção de borracha sintética, porém, o mesmo não se verificou com a borracha natural, cuja produção, em 1960, foi de 22.500 t, pràticamente igual à de 1955, 22.400 t.

26) *exportação de minérios de ferro* — meta revista, 8.000.000 t. Em 1960 exportaram-se 5.000.000 t; portanto, 62,5% da meta. Cabe dizer que em 1955 a exportação foi de 2.565.000 t, de maneira que o esforço do Plano de Metas representou um aumento de 94% em relação à situação anterior.

27) *indústria automobilística* — meta inicial, 100.000 veículos automotores, em 1960. A meta revista e os resultados alcançados podem ser confrontados nos seguintes quadros:

veículos	metas	resultados
caminhões e ônibus	170.800	154.700
jipes	66.8	61.3
utilitários	52.6	53.2
automóveis	58.0	52.0
	347.7	321.2 (92,3%)

Índice de nacionalização

veículos	meta em 1960	atingido em junho de 1962
automóveis	95	89.3
caminhões	90	93.0
ônibus		86.4
utilitários	90	94.3
jipes	95	90.9

Tratores

	leves	médios	pesados	total
1960		37		37
1961	25	1573	80	1678
1962	1984	4779	823	7586

(33) JOSÉ CARLOS LEONE e associados, consultores industriais, *Relatório da Pesquisa sobre a Estrutura Brasileira de Produção e Consumo de Celulose e Papel*, BNDE, *Associação Paulista dos Fabricantes de Papel e Celulose*, 1968, pp. 21 e 75.

(28) *indústria de construção naval* — meta inicial, implantação da indústria; meta revista, capacidade nominal de construção de 160.000 dwt/ano. Resultados: os projetos aprovados até 1960 totalizavam uma capacidade de 158.000 dwt/ano.

(29) *indústria mecânica e de material elétrico pesado* — não foram fixadas metas quantificadas, apenas se objetivou ampliar e implantar o setor. Os resultados foram os seguintes: a produção de máquinas e equipamentos aumentou de 100% em 1960, em relação a 1955, e a produção de material elétrico, de 200%.

V. *O setor de educação* que era contemplado com 3,4% do total dos investimentos inicialmente previstos no Plano de Metas abrangia apenas a seguinte meta:

(30) *formação de pessoal técnico* — meta inicial: intensificar a formação de pessoal técnico e orientar a educação para o desenvolvimento. O Governo aumentou, progressivamente, as verbas orçamentárias consignadas ao MEC e deixou subsídios importantes sobre o problema que resultaram dos trabalhos do ENATEC (Grupo Executivo do Ensino e Aperfeiçoamento Técnico, criado em 25/6 /59).

Finalmente, *Brasília,* considerada a meta síntese do período, merece algumas observações. A cidade foi construída num tempo recorde e estima-se que as despesas com a construção da cidade tenham sido da ordem de 250.000.000.000 a 300.000.000.000 de cruzeiros, em preços de 1961, ou seja, Brasília mobilizou 2,3% do PNB. Não se deve também esquecer que a construção da capital representou uma expansão no escopo do sistema econômico, constituindo um ponto de crescimento, conforme conceito apontado na primeira parte deste artigo.

Antes de finalizar o artigo e propor algumas conclusões, dois temas devem ainda ser mencionados: o problema do *capital estrangeiro* e o da *inflação*.

Evidentemente houve, durante o período, inflação. Houve também um alto índice de crescimento econômico. No estado atual em que se encontra a ciência econômica, estas duas frases, isoladamente ditas, são as únicas observações cabíveis pois a relação entre inflação e desenvolvimento econômico continua um problema em aberto que enquanto tal escapa ao horizonte de cogitações deste artigo [34]. Quanto ao tema do capital

(34) J. MARTIN BROMFENBRENNER, FRANKLYN D. HOLZMAN, "A Survey of Inflation Theory" *in Survey of Economic Theory,* vol. I, (Money, Interest, Welfare), Londres: Macmillan, 1967.

estrangeiro parece pertinente levantar como hipótese de trabalho, para elucidá-lo no contexto do problema do planejamento, a relação entre a situação da administração pública brasileira e o problema do contrôle da zona de incerteza. Em verdade, à medida que a competência difusa da burocracia no Brasil só era mobilizável em termos de certos órgãos de ponta que só tinham condições de controlar a zona de incerteza externa ao sistema compreende-se o porquê da opção pelo capital estrangeiro. De fato, dada a premência do desenvolvimento — posta pelas variáveis de participação política — a opção pelo capital estrangeiro se explica, no contexto do planejamento, pela facilidade de seu enquadramento — a curto prazo — no âmbito dos instrumentos disponíveis para a fiscalização e execução do plano de metas. Estes instrumentos disponíveis agiram desta maneira como condicionantes operacionais do sistema uma vez que outras opções haveriam de requerer um outro tipo de administração pública, impossível de criar-se no Brasil nas condições então vigentes.

Conclusão

À luz dos dados expostos, é possível dizer que o Plano de Metas foi um caso bastante bem-sucedido na formulação e implementação de planejamento. Com o risco de ultrapassar os limites impostos a este trabalho, pode-se sugerir, concluindo, que os problemas por ele ocasionados aos governos que se sucederam resultaram justamente do seu sucesso. De fato, o período Kubitschek esgotou, aparentemente, o modelo de substituição de importações, [35] esgotando, conseqüentemente, as virtualidades de suas soluções administrativas, da mesma forma que numa empresa privada, depois de implantação de uma indústria, a excelência dos técnicos em finanças e dos engenheiros se revela insuficiente para a eficácia da ação. Esta passa a exigir um universo mais complexo de técnicos, impondo-se novos especialistas como os de *marketing*, custos e controles etc., em vista do surgimento de no-

(35) MARIA DA CONCEIÇÃO TAVARES, "The Growth and Decline of Import-Substitution in Brazil", *Economic Bulletin for Latin America*, vol. IX (nº 1, março de 1964, pp. 1 e 59).

vas zonas de incerteza [36]. Igualmente, a mudança da zona de incerteza do macro-sistema brasileiro, que passou de externa a interna, acarretaria a necessidade de utilização de toda uma administração e não apenas de alguns órgãos de ponta, se se desejasse prosseguir, com sucesso, no esforço de planejamento. Ora, toda uma administração, em virtude do caráter difuso da competência da administração pública brasileira, era de difícil mobilização e a impossibilidade de enfrentar-se a zona de incerteza — representada por um planejamento que não tivesse mais, como ênfase principal, a implantação de unidades produtivas ou a superação de pontos de estrangulamento, mas, sim o controle de um sistema em funcionamento — passou a ser o novo ponto de estrangulamento do sistema brasileiro. Nessas circunstâncias, e com a contínua ampliação e não-institucionalização da participação política — que pressionava difusamente o sistema como um todo até 1964 — tornou-se cada vez mais difícil traduzir, em programas de ação administrativa implementáveis, os imperativos políticos de um regime que se desejava aberto, o que explica — ao menos em parte — o colapso do populismo e, também no contexto do novo regime, algumas das dificuldades administrativas do planejamento.

---

(36) Cf. MICHEL CROZIER, *Le Phenomène Bureaucratique*, cit.

PLANO TRIENAL DE DESENVOLVIMENTO ECONÔMICO E SOCIAL (1963-1965)

Roberto B. M. Macedo

Dentro da cronologia da experiência brasileira em planejamento, o Plano Trienal de Desenvolvimento Econômico e Social (1963-1965) é o acontecimento de maior relevo após o Plano de Metas e o Programa de Estabilização Monetária (1958-1959) desenvolvidos no Governo Kubitschek. Elaborado em seis meses por uma equipe liderada por Celso Furtado, o Plano Trienal veio a lume no final de 1962 e passou a orientar a política econômica do Governo Goulart que, com o plebiscito de janeiro de 1963, havia recuperado os poderes do presidencialismo. O último gabinete parlamentarista foi então substituído por um ministério que na área econômico-financeira tinha como expoentes os Srs. San Tiago Dantas, Ministro da Fazenda, e Celso Furtado, Ministro do Planejamento.

Para melhor compreensão dos objetivos a que se propôs esse Plano, vale a pena recordar alguns aspectos importantes da situação geral da economia do País quando foi divulgado o Plano Trienal. No que se refere ao desenvolvimento econômico, o País vinha da fase de euforia do período 1957-1961 em que a intensificação do processo de substituição de importações propiciou um crescimento do Produto Interno Bruto à elevada taxa média de 6,9% ao ano. Entretanto, o ano de 1962 havia apresentado um crescimento relativamente menor, em torno de 5%, já anunciando, desta forma, o período de relativa estagnação que então se seguiria.

Algo de mais grave ocorria com o processo inflacionário, com o ano de 1962 apresentando um crescimento do nível geral de preços à taxa recorde de 51% e no setor externo, como conseqüência de sucessivos déficits no balanço de pagamentos, acumulava-se a dívida externa brasileira.

Politicamente, o País estava em ebulição, sendo o ano de 1962 marcado por uma série de acontecimentos de relevo. O regime parlamentarista, erigido tão-somente com a finalidade de contornar a crise decorrente da renúncia do Sr. Jânio Quadros em 1961, começou a produzir crises políticas tão logo deixou a chefia do gabinete o Sr. Tancredo Neves, cujos nove meses de atuação como o primeiro *premier* do parlamentarismo foram marcados por acentuada tranqüilidade. A recusa pelo Congresso do nome do Sr. San Tiago Dantas como novo primeiro-ministro, a renúncia do Sr. Auro de Moura Andrade à indicação do seu nome, as eleições parlamentares de outubro, a campanha do plebiscito sobre o parlamentarismo e o debate sobre as reformas de base, tudo isso contribuía para conturbar o ambiente político da Nação.

Socialmente, um clima de liberdade ensejava reivindicações sociais bastante amplas, muitas das quais fermentadas por interesses políticos. O movimento sindical atuava com intensidade e eram comuns as greves reivindicatórias, voltadas principalmente para o alcance de reajustes salariais cada vez mais elevados, face à intensificação do processo inflacionário.

De um modo geral, constatava-se que o País estava em uma situação algo desordenada e em busca de um caminho que lhe assegurasse a solução de seus problemas mais prementes. Surgindo nestas circustâncias, o Plano Trienal tornou-se alvo de grande interesse e de grandes esperanças e, consistentemente com o quadro geral do País naquela época, cujos traços gerais foram acima esboçados, o Plano Trienal procurava interpretar as aspirações econômico-sociais mais imediatas da coletividade brasileira, fixando-as como objetivos do Plano. De uma forma sucinta, este visava a recuperação do ritmo de desenvolvimento observado no período 1957-1961, em tôrno de 7% ao ano; a contenção progressiva do processo inflacionário; algumas correções na distribuição de rendas, quer sob o aspecto pessoal quer sob o aspecto regional; a realização das reformas de base (administrativa, bancária, fiscal e agrária) e o reescalonamento da dívida externa. Pode-se notar, assim, que o Plano Trienal procurava alcançar um conjunto de objetivos que, de um modo geral, eram bastante consentâneos com os problemas enfrentados pelo País naquela época.

Não se procurará aqui descrever o Plano Trienal em seus detalhes nem tampouco criticá-lo segundo aspectos pormenorizados da teoria do planejamento. Resumos e apreciações críticas desse Plano são encontrados com facilidade nas publicações da época e abrangem aspectos os mais diversos, indo desde a parte metodológica do Plano, como em João Paulo de Almeida Magalhães[1], até a ausência de fontes nos quadros estatísticos do texto oficial, como frisa Werner Baer[2].

Embora com o título pomposo de "Plano Trienal de Desenvolvimento Econômico e Social", não tinha o Plano maiores pretensões que a de se constituir num esfôrço embrionário visando a efetiva implantação do planejamento econômico no País. É de seu próprio texto a afirmativa de que "... No planejamento, como na cartografia, o mais prático é iniciar o trabalho com

---

(1) "Planejamento e a Experiência Brasileira", *Revista Brasileira de Economia*, dezembro de 1962.
(2) "Observações sobre o Plano Trienal", *Revista Brasileira de Economia*, dezembro de 1962.

uma escala pequena, capaz de proporcionar facilmente uma visão de conjunto. Esta visão é que permite relacionar os problemas em função de sua complexidade, de forma a que a solução de um venha a facilitar a dos demais. O que se objetiva de imediato com o planejamento, no Brasil, é essa hierarquização de problemas, a fim de criar condições para que, dentro de uns poucos anos, possam ser introduzidas técnicas mais eficazes de coordenação das decisões. Trata-se, portanto, de um esforço de transição, em busca de um conhecimento mais sistemático da realidade econômica e de uma maior eficácia na capacidade de decisão. Alcançados esses objetivos, será então possível dar maior profundidade à ação de planejamento"[3].

Posta a questão nesses termos, seria inócua qualquer tentativa de apreciar o Plano Trienal sob um enfoque extremamente rigoroso. Destaque-se, ademais, que na época a experiência brasileira em planejamento era mínima e, além disso, que o Plano Trienal foi elaborado em apenas seis meses. Tratando-se de um Plano cuja aplicação foi interrompida e já decorrido algum tempo após essa experiência, é preferível utilizar o melhor conhecimento dos fatos ocorridos naquela época e do rumo que posteriormente tomou a evolução da economia brasileira e da nossa experiência em planejamento, a fim de avaliar outros aspectos ligados ao Plano Trienal que estão a merecer uma atenção especial. Entre esses aspectos, pretende-se colocar em discussão o diagnóstico da economia brasileira apresentado pelo Plano Trienal, o porquê do fracasso desse Plano e as contribuições mais significativas do Plano Trienal para a experiência brasileira em planejamento.

O Diagnóstico do Plano Trienal

O diagnóstico da economia brasileira realizado pelo Plano enfatiza dois aspectos fundamentais: o crescimento da economia brasileira em períodos próximos a 1962 e os desequilíbrios estruturais apontados como inerentes a esse crescimento, sendo atribuída a estes

---

(3) Página 16 do documento oficial: Plano Trienal de Desenvolvimento Econômico e Social - 1963-1965 - Síntese - Presidência da República - dezembro de 1962. Tôdas as citações de páginas que serão feitas a seguir correspondem a êste documento.

últimos a principal responsabilidade pela elevação persistente do nível de preços. A análise do crescimento econômico é mais voltada para a citação de taxas de elevação do Produto Interno Bruto que propriamente dos fatores causais associados a esse crescimento e, após um breve histórico das taxas de crescimento, o Plano não resiste à tentação de arriscar uma previsão da renda *per capita* do País para 1970, efetuando uma projeção do comportamento histórico da taxa de crescimento.

Se bem que o Plano assinale que o comportamento do setor externo já não era o principal fator condicionante do nível de atividade econômica, sendo o nível de produção interna capaz de engendrar um volume de investimentos necessário à manutenção da taxa de desenvolvimento, não se encontra no Plano nenhuma afirmação explícita que assegure houvesse já na época a consciência de que o processo de substituição de importações havia chegado a um ponto de saturação. Pelo contrário, há provas evidentes de que ainda se pretendia insistir nesse modelo. Por exemplo, afirma o Plano que "... o processo de substituição de importações, inseparável do desenvolvimento atual da economia brasileira, não se pode realizar sem pressão inflacionária a menos que a economia seja submetida a um planejamento capaz de antecipar modificações estruturais" (p. 32). Logo em seguida, o Plano ressalta a necessidade de os investimentos serem planificados em função da substituição de importações (p. 33). Mais ainda: "... face à queda que se verificará no coeficiente de importações do dispêndio interno, será intensificado o processo de substituição de importações, principalmente de bens de capital, mediante a exploração mais intensiva, possível em situação especial, da capacidade e potencialidade da indústria nacional produtora daqueles bens" (p. 69).

Há assim, no que se refere ao modelo de desenvolvimento econômico brasileiro da época, uma falha no diagnóstico do Plano. A percepção de que o processo de substituição de importações havia chegado a um limite crítico e o conhecimento das limitações impostas à sua continuidade, somente foram alcançados mais tarde, quando se procurou explicar as baixas taxas de crescimento da economia do País a partir de 1962 e definir uma nova estratégia de política econômica[4]. Elaborado sob a euforia dos resultados do período 1957--1961 e desconhecendo ainda o mau resultado de 1962, não foi possível ao Plano vislumbrar o estancamento do processo de substituição de importações e é evidente que, se o diagnóstico já houvesse captado este estancamento, toda uma estratégia especial deveria ser delineada com vistas não só a substituir no processo de desenvolvimento do País a parcela de dinamismo até então provida pela substituição de importações, como também a evitar que uma insistência pouco criteriosa na continuação desse processo viesse a prejudicar a eficiência média da economia como um todo. Este último aspecto é importante porque a substituição de importações já havia atingido a fase dos bens de capital cuja produção exige um mercado de dimensões bastante amplas que possa assegurar os benefícios das economias de escala de produção. Em conseqüência, quando se insiste na produção de bens em escala de produção economicamente inviável, fica prejudicada a eficiência média da economia como um todo, já que a produção se faz a um custo mais elevado.

Também no que se refere ao processo inflacionário, o escasso conhecimento que na época se tinha do mesmo não permitiu ao Plano diagnosticá-lo de maneira mais exata. Basicamente, o Plano atribui ao setor externo e ao setor público a responsabilidade pela elevação de preços. No setor externo a pressão inflacionária era associada a causas estruturais e atuava, em linhas gerais, da seguinte forma: em decorrência da limitação da capacidade de importar, fazia-se sentir a necessidade de substituir importações pela produção interna; esta substituição implicava em substituir produção primária por outra mais capitalizada, daí decorrendo importantes modificações na estrutura produtiva; face ao impulso da substituição, gerava-se renda monetária que logo se traduzia em maior demanda de importações; não podendo ser satisfeita tal demanda, sucediam-se pressões inflacionárias até que a estrutura produtiva interna e a composição das importações se modificassem no sentido de permitir um aumento

(4) Veja-se, a respeito, dentre outros estudos, "The Growth and Decline of Import Substitution in Brazil" - *Economic Bulletin for Latin America* - Nações Unidas - março de 1964.

da oferta global capaz de satisfazer ao incremento da renda monetária. Não se pode negar algum crédito a este tipo de raciocínio mas deve-se considerar que o mecanismo acima descrito abrange apenas uma parte dos efeitos do setor externo em termos de pressão inflacionária: não foram considerados os efeitos sobre os preços dos depósitos sobre a compra de cambiais, cujos certificados eram negociados pelos importadores ao custo de um deságio elevado que acabava por incidir sobre os preços; não se levou em conta que o setor externo pode também exercer pressões sobre a oferta monetária, na medida em que a compra de cambiais dos exportadores venha, eventualmente, a superar a venda de cambiais aos importadores; ou que, caso este último mecanismo funcione ao contrário, o setor externo pode fornecer recursos monetários capazes de aliviar parte da pressão sobre a oferta monetária exercida por outros setores. Em suma, não se tomou conhecimento de algumas vinculações importantes do setor externo com o problema inflacionário, principalmente em seus aspectos monetários.

No setor público, o persistente déficit do Tesouro Nacional é basicamente atribuído ao fato de o Governo Federal ter intensificado os investimentos públicos enquanto promovia uma reforma cambial-fiscal que veio a privá-lo de substanciais recursos de caixa. Tal reforma consistiu na eliminação das taxas múltiplas de câmbio, sistema este que proporcionava recursos ao Governo na forma de diferenças de câmbio (ágios menos bonificações), recursos que em 1956 alcançaram 42% da receita orçamentária e em 1961 reduziram essa participação a apenas 2%, praticamente desaparecendo em 1961 (p. 42). Ao déficit governamental, atribui-se também a origem em desequilíbrios estruturais, ao explicar o Plano que "... em face das modificações estruturais ocorridas na economia, com aumento rápido da urbanização e crescimento das indústrias pesadas, era perfeitamente natural que os investimentos infra-estruturais aumentassem em termos relativos, exigindo-se maior esforço do Governo, tanto na prestação de serviços, como no processo de formação de capital e maior participação do setor público no dispêndio total, à semelhança do que ocorreu em todos os países em rápida industrialização".

O diagnóstico do processo inflacionário foi, como se vê, bastante simplificado. Além das falhas já apontadas quanto ao setor externo e embora o setor público fosse realmente o principal responsável pela pressão inflacionária, não se tocou, por exemplo, na questão salarial, provàvelmente pelo receio de hostilizar parte das fôrças políticas que então apoiavam o Governo. Na parte em que o Plano delineia as diretrizes gerais para a estabilidade interna, menciona-se rapidamente a questão salarial, mas com um enfoque mais voltado para a programação dos investimentos, lembrando o Plano que "... a política salarial pode aumentar ou reduzir o montante de recursos disponíveis para investimentos públicos e privados" (p. 55). O que existe de mais importante em têrmos da questão salarial é a previsão de um aumento de 40% para o funcionalismo federal. Embora tal acréscimo na época não permitisse a reconstituição dos salários reais, equivalendo, desta forma, a uma política salarial de caráter restritivo, o Governo, como se verá posteriormente, acabou por não conseguir fazer cumprir a sua meta no que tange ao funcionalismo federal. Além disso, não chegou a estabelecer outras normas para os reajustamentos no âmbito da administração pública e do setor privado.

Considera o Plano que, isolado (!) o problema da política salarial e o comportamento do setor externo, a possibilidade de corrigir o desequilíbrio inflacionário iria depender basicamente da forma de financiar o déficit do Tesouro e da política de crédito ao setor privado (p. 55). Para reduzir a pressão inflacionária do Tesouro sem prejudicar a taxa de crescimento da economia, a estratégia delineada no Plano baseia-se nas seguintes medidas: a) elevação da carga fiscal; b) redução do dispêndio público programado; c) captação de recursos do setor privado no mercado de capitais e d) mobilização de recursos monetários. Trata-se de uma estratégia tradicional de financiamento do déficit do Tesouro, muito embora até hoje o manuseio de tal estratégia constitua um sério problema de política econômica para o Governo, seja pelo desconhecimento das eventuais repercussões sobre a economia da utilização desses instrumentos, seja porque essa mesma utilização muitas vezes se mostra incompatível com outros objetivos programados.

No caso da elevação da carga fiscal, por exemplo, não se sabe ainda de que forma pode o Governo torná-la compatível com o estímulo aos investimentos do setor privado. De um modo geral, todos os últimos planos de Governo colocam este último objetivo como imprescindível ao alcance de uma elevada taxa de desenvolvimento; entretanto, na luta contra o déficit governamental o aumento da carga tributária é sempre um armamento convencional e, com isto, pode-se reduzir as taxas de retorno dos investimentos privados, o que implica em inibi-los.

Na redução do dispêndio público programado, procurou o Plano atuar basicamente sobre os subsídios ao consumo de certos produtos como o trigo, combustíveis e lubrificantes que, na época, gozavam deste privilégio. Além disto, previa-se a redução dos déficits das empresas concessionárias de serviços públicos no setor de transportes e comunicações, via elevação de tarifas. Medidas desta natureza foram mais de uma vez tentadas pelo Governo Federal e somente foram realizadas com maior sucesso após 1964. Quando são tomadas, gera-se, de imediato, o que se convencionou chamar de "inflação corretiva", eufemismo que encobre uma elevação brusca e geral de preços, se bem que possa constituir-se num mal necessário, na medida em que conduza realmente a um sistema econômico operando com maior eficiência. Verifica-se, entretanto, que, quando o arcabouço político-institucional em que está inserido o sistema econômico permite a livre manifestação das pressões desenvolvidas pelos que se consideram prejudicados com as medidas racionalizantes que o Governo procura adotar, no sentido da eliminação desses subsídios, torna-se difícil não somente a execução das mesmas como também a resistência à onda de pressão que seu impacto acaba por gerar.

A captação de recursos privados no mercado de capitais era medida que na época o Governo tinha ínfimas *chances* de realizar com sucesso. Os títulos da dívida pública de então eram títulos de renda fixa e de valor nominal permanente, não oferecendo, portanto, nenhum atrativo para aplicações de capital numa época de forte pressão inflacionária. O Governo Federal sòmente veio a conseguir condições de concorrência no mercado de capitais algum tempo depois, quando da introdução das Obrigações Reajustáveis do Tesouro Nacional, ao final de 1964, mas, mesmo assim, a experiência de captação de recursos no mercado de capitais tem-se revelado bastante problemática. Quando o Governo passa a disputar com o setor privado a obtenção de recursos no mercado de capitais, pode provocar uma elevação do custo do dinheiro que acaba por gerar tensões de custo na economia, principalmente quando, executando uma política antiinflacionária e ao lado de procurar recursos no mercado de capitais, o Governo recorre também ao contrôle do crédito bancário, gerando assim uma restrição de crédito nas fontes tradicionais e transferindo parte da demanda do setor privado para o mercado de capitais.

Não tendo na época condições de concorrer no mercado de capitais, o Governo forçava a colocação de seus títulos através dos empréstimos compulsórios sobre rendimentos e dos depósitos compulsórios sobre compras de câmbio, estes últimos adquirindo maior importância. Note-se, entretanto, que tais depósitos compulsórios sobre compras de câmbio produziam tensões inflacionárias talvez mais importantes que aquelas que procuravam contornar. Isto porque os certificados dêstes depósitos, representados por Letras do Banco do Brasil ou Letras do Tesouro Nacional, eram negociados no mercado de capitais com um deságio muito elevado, cujo custo os importadores transferiam aos preços dos produtos.

De um modo geral, portanto, o que se constata no Plano Trienal quanto ao problema da inflação é que, ao lado de um diagnóstico limitado do processo inflacionário, não se tinha na época um maior conhecimento das limitações dos instrumentos de política econômica que se pretendia utilizar. Faltava também um adequado arcabouço institucional que permitisse ao Govêrno um melhor manuseio desses instrumentos. O próprio Plano reconhece que "... a conjugação de todos esses fatores exige estrita coerência das políticas fiscal, monetária, cambial e salarial, o que não é tarefa simples, particularmente inexistindo um autêntico Banco Central" (p. 56).

O Fracasso do Plano Trienal

Feitas estas observações quanto à parte do diagnóstico apresentado pelo Plano Trienal, procurar-se-á, em seguida, levantar algumas hipóteses quanto às causas do fracasso de sua implementação. Pela simples associação do Plano Trienal com o Governo Goulart, seria de sugerir que o Plano Trienal sucumbiu com o Governo de que era diretriz quando este foi derrubado em 1964. Na verdade, entretanto, o Plano Trienal fora superado um pouco antes.

De fato, se comparadas as metas estabelecidas pelo referido Plano para o ano de 1963 com os resultados que esse ano apresentou ao encerramento, pode-se ver que o fracasso foi enorme, tanto no que se refere ao incentivo ao desenvolvimento econômico como na parte concernente ao combate ao processo inflacionário. Assim, a elevação de preços programada para 1963 era de 25% e o Índice Geral de Preços apresentou no referido ano um crescimento de 78%. A taxa de crescimento do Produto Interno Bruto foi a mais baixa já conhecida desde que estimativas regulares deste agregado passaram a ser realizadas pela Fundação Getúlio Vargas, a partir de 1947: apenas 1,6%, enquanto a programação estabelecida pelo Plano visava um crescimento de 7%. O déficit de caixa do Tesouro Nacional atingiu 500 bilhões de cruzeiros antigos, praticamente o dobro do valor programado: 300 bilhões. Os meios de pagamento, cuja expansão era prevista em 34%, cresceram de 65%, alimentados pela expansão do déficit do Tesouro e do crédito ao setor privado, cuja expansão também foi notável, crescendo de 54% os empréstimos do Banco do Brasil ao setor privado não-bancário.

Como se processou tal fracasso? O Govêrno iniciou o ano de 1963 seriamente empenhado na execução do Plano. Suspendeu os subsídios ao consumo, delimitou a expansão do crédito bancário, promoveu o reajuste da taxa cambial a níveis realistas, enfim, tomou os passos iniciais visando ao saneamento e à correção das distorções existentes na economia. Até na questão salarial foi parcimonioso, propondo ao Congresso, sob fortes protestos, um aumento de 40% para o funcionalismo, aumento êste bastante inferior aos níveis dos reajustes salariais que vinham sendo realizados no setor privado. Em pronunciamento divulgado no início de março, a própria Confederação Nacional da Indústria manifestava seu integral apoio às medidas tomadas pelo Governo.

Durante o primeiro semestre de 1963, o Governo conseguiu cumprir razoavelmente a programação financeira estabelecida pelo Plano Trienal. De um modo geral, entretanto, tem-se constatado que o dispêndio governamental no Brasil é estacionalmente menos acentuado no primeiro semestre de cada ano, o que alivia a pressão inflacionária do Tesouro nesse período. O segundo semestre viria, então, a representar a prova decisiva para o êxito da política de contenção do déficit do setor público dentro dos limites programados.

Logo no início do segundo semestre, o dispêndio governamental sofreu substancial acréscimo, uma vez que o Governo acabou por conceder um aumento de 60% ao funcionalismo, não resistindo às pressões que se desencadearam contra sua proposta de 40%. Nesta altura dos acontecimentos, uma série de tensões de caráter inflacionário já latentes no sistema desde o primeiro semestre manifestavam-se de forma crítica. Eram significativas as pressões de custos, decorrentes principalmente dos reajustes salariais (inclusive uma elevação de 56,25% dos níveis do salário mínimo), dos aumentos de preços dos serviços públicos e dos bens de consumo outrora subsidiados e da taxa cambial. Essas pressões de custo resultavam em queda da liquidez do setor privado que, por sua vez, não somente pressionava o crédito bancário como também efetuava elevações de preços de forma generalizada. O efeito conjunto do déficit governamental e da expansão do crédito era a expansão dos meios de pagamento que, desta forma, alimentava a inflação. A política inflacionária falhava, assim, por pretender alcançar a estabilidade de preços atuando apenas sobre a expansão dos meios de pagamento e, além de não conseguir sequer o controle do déficit do Tesouro, que era o componente básico desta expansão, nada fazia no sentido de atenuar a pressão exercida pelos custos, gerando, assim, pressões contínuas para a expansão monetária, a que acabava por não resistir.

Poder-se-ia argumentar que as tensões de custo acima apontadas eram inevitáveis, já que decorriam da própria ação corretiva do Governo ao reajustar os preços de bens de consumo subsidiado, tarifas de serviços públicos, taxa cambial etc., medidas estas inevitáveis na medida em que se pretendesse corrigir as distorções existentes na estrutura de preços. De fato, o efeito destas medidas era esperado e seria ilusório, além disso, acreditar que o processo inflacionário pudesse ser contido de imediato. Mas nem todas as tensões de custo se enquadravam neste caso e o caso típico é o da política salarial.

Face ao rumo que tomou o debate sobre a questão salarial no País, a expressão política salarial acabou por sofrer uma distorção de ordem semântica, sendo geralmente associada com arrocho salarial, espoliação dos trabalhadores e assim por diante. Por isso mesmo, deve ser enfatizado que não se pretende defender aqui esta ou aquela política salarial, mas apenas ressaltar que uma política antiinflacionária que pretenda atuar sobre todos os preços com exceção dos salários é, por definição, inconsistente e, por qualificação, demagógica, na medida em que se considere o salário, a renumeração ou o preço de um fator de produção. É claro que uma política salarial deve ter formulação cuidadosa, pois pode ter sérias implicações sobre a distribuição de renda, envolvendo assim um conteúdo social amplo. A política salarial executada a partir de 1964, por exemplo, estabelece como um dos fatôres a serem considerados nos reajustes salariais uma estimativa do chamado "resíduo inflacionário", que consiste numa previsão da taxa de inflação para os 12 meses que se seguirão ao acordo salarial, metade da qual se adiciona à taxa de reajuste que procura reconstituir o salário real médio de cada categoria profissional. Entretanto, como reconhece o próprio Governo atual, "... a subestimativa sistemática do resíduo inflacionário utilizado nos cálculos dos reajustes conduziu à compressão do poder aquisitivo de diversas classes assalariadas. O fenômeno registrou-se sobretudo entre meados de 1966 e de 1967, quando o resíduo inflacionário previsto era de apenas 10%, e o aumento efetivo do custo-de-vida foi além de 30%"[5].

(5) Programa Estratégico de Desenvolvimento - 1968-1970 - Volume I - Item VII.5 - Política Salarial - p. VII.29 - Ministério do Planejamento e Coordenação Geral.

A inconsistência na utilização dos instrumentos de política econômica, constatada no Governo Goulart, resultava em grande parte da sua atitude política, pois, embora arriscasse uma política reformista e sendo bàsicamente apoiado por áreas vinculadas ao movimento trabalhista de então, não pretendia cair na ojeriza daqueles que, de fato, como demonstraram mais tarde, detinham os mecanismos de poder. Quando se instala uma política antiinflacionária, o uso dos instrumentos tradicionais como a contenção de crédito, aumento de impostos, suspensão de subsídios, contenção salarial e outros, exige do Governo não só a consistência na sua utilização mas também um poder coercitivo que esteja à altura de impô-los à coletividade. O Governo Goulart, além de utilizar inconsistentemente os meios de que dispunha, mantinha-se no poder à custa de um equilíbrio de forças bastante instável e, desta forma, não pretendendo hostilizar as forças que, em princípio, procurava representar, não tinha condições de impor sua vontade às demais. Por isso mesmo, quando se recusava a controlar os aumentos aos trabalhadores, por não querer impor os sacrifícios da luta antiinflacionária a estes últimos — como se fora possível isolá-los milagrosamente — não tinha também condições de estendê-los às demais classes, que pressionavam o Governo no sentido da expansão monetária.

Caberia perguntar agora por que não foram alcançadas as metas do Plano Trienal no que se refere ao desenvolvimento econômico. Há aqui uma série de explicações associadas a fatores que na época atuaram conjuntamente. No ano de 1963 a economia brasileira cresceu, como já foi visto, a uma taxa de 1,6%, crescendo o produto real industrial a uma taxa de 1%, o produto agrícola também 1%, enquanto o setor terciário expandia-se a uma taxa pouco maior. O baixo desempenho da economia brasileira em 1963 esteve, assim, presente em todos os setores, mas, na verdade, parte do resultado de 1963 pode ser atribuído a causas aleatórias presentes não só nesse ano como também em 1962, tais como as secas então ocorridas que vieram a prejudicar não só a produção agrícola como a própria produção industrial, pelo conseqüente racionamento de energia elétrica. Além disso, houve geadas e incêndios no Paraná, que prejudicaram bastante a safra de café daquele Estado, que representa parte importante da produção agrícola nacional.

Numa análise mais voltada agora para os pressupostos teóricos da taxa de crescimento e supondo uma relação capital/produto estável, pode-se verificar que no ano de 1963 o baixo desempenho da economia decorre também dos baixos níveis dos investimentos registrados na ocasião. De fato, levando em consideração os dados sobre a formação de capital apresentados pelas Contas Nacionais [6], verifica-se que, em termos reais, os investimentos cresceram de apenas 3% em 1963, enquanto no período 1957-61 a taxa média de crescimento verificada foi de 13%. Várias hipóteses poderiam ser consideradas se se pretendesse explicar o comportamento do baixo nível da formação bruta de capital fixo em 1963. No caso do investimento privado, a aceleração do processo inflacionário acaba por inibir os investimentos, na medida em que conduz a distorções nos preços relativos, tornando incerto o cálculo das taxas de retorno; há que destacar, também, a instabilidade política e social da época, fazendo retrair os investidores privados; a própria execução da política econômica também pode influir, seja via aumento da carga tributária ou mesmo pela queda do nível de atividade em conseqüência de uma política creditícia acentuadamente restrita. No caso dos investimenos públicos, as tentativas de contenção do déficit governamental podem gerar alguma constrição dos grandes investimentos em infra-estrutura a cargo do Governo. A análise dos investimentos públicos e privados em 1963, ainda com base nas Contas Nacionais, mostra que os investimentos privados aumentaram de 14% em 1963, enquanto os investimentos públicos caíram de 18%, o que estaria a indicar uma predominância maior da política de contenção do déficit como fator atuante na queda dos investimentos em 1963. A análise, todavia, fica pouco conclusiva se forem consideradas outras questões subjacentes à interpretação desses resultados, tais como o problema do período de maturação dos investimentos, o fato de o crescimento dos investimentos privados em 1963 ter representado apenas uma recuperação dos ní-

---

(6) "Contas Nacionais do Brasil", *Revista Brasileira de Economia*, março de 1966.

veis de 1961 — já que em 1962 caíram de 10% — e, ainda, a circunstância de o setor privado das Contas Nacionais abranger também algumas companhias vinculadas ao Governo e que sofrem, assim, os efeitos de sua política econômica.

Procurando analisar de que forma o Plano Trienal atuou sobre os investimentos, verifica-se que foi realizada uma programação dos dispêndios em formação de capital que o próprio Plano reconhece ser apenas uma "primeira aproximação" (p.48) e esta programação consistia em distribuir os investimentos entre grandes setores com base nas tendências constatadas em épocas imediatamente precedentes, sendo, assim, mais uma previsão que propriamente uma programação. Face ao estancamento do processo de substituição de importações e ao agravamento da inflação, que distorcia a estrutura de preços relativos, somente por coincidência a programação feita com base em tendências constatadas no passado seria concretizada, pois nada assegurava que tais tendências se fizessem sentir sem descontinuidade e, de fato, isto não ocorreu. Tendo em vista o alto nível de agregação com que foram feitas as programações (p. 52), a crítica anterior poderia ser discutível. Deve-se considerar, entretanto, que mesmo em termos muito agregados — e tal agregação excessiva já seria de si criticável — seria ilusório pensar que o Governo tivesse na época, e mesmo ainda hoje, condições de programar com algum detalhe e eficácia os investimentos da economia brasileira, seja por lhe faltarem condições institucionais que lhe possibilitem o contrôle e execução desta programação, seja por falta de experiência e mesmo porque não se tem ainda um conhecimento detalhado da economia do País em termos de interdependência setorial. Na questão dos investimentos, portanto, não se poderia esperar muito da ação do Plano Trienal e, desta forma, não se pode dizer que à formulação do Plano cabe a culpa pelo não--alcance dos níveis de investimentos necessários à manutenção de uma alta taxa de crescimento. A não ser no caso dos investimentos públicos e naquilo que a inflação se relaciona com os investimentos, pode-se dizer que o Plano Trienal pouco ou nada influiu na magnitude e na alocação dos investimentos em 1963.

O Plano Trienal e a Experiência Brasileira em Planejamento

Mesmo falhando na execução de uma política antiinflacionária e sem muitas condições de atuar sôbre os investimentos, não se pode desprezar a contribuição do Plano Trienal. É muito fácil confrontar um Plano com a realidade e apontar erros e deficiências. Cabe indagar agora o que mais poderia ter feito nas mesmas circunstâncias da época uma outra equipe de planejadores. A premência do tempo, a dificuldade de informações estatísticas detalhadas e de boa qualidade, a deficiência da estrutura governamental para suportar a organização necessária ao planejamento, a falta de experiência, a inexistência de adequados instrumentos de ação, o desconhecimento dos efeitos das políticas executadas, a resistência dos empresários, tudo isso impediu e ainda impede a efetiva implantação do planejamento no País.

Entretanto, não se pode esperar que o planejamento se instale de um momento para outro, em tôda a sua plenitude. Neste aspecto, vale lembrar as limitadas perspectivas para o planejamento que o próprio Plano Trienal sabia existentes e que já foram referidas anteriormente: procurava-se mais uma hierarquização de problemas, um esforço de transição e um maior conhecimento da realidade criando-se, assim, pré-condições para uma ação de planejamento mais profícua no futuro. Justamente neste aspecto estão as maiores contribuições do Plano Trienal, pois não se pode negar que a sua experiência foi valiosa. Quando se compara o Plano Trienal com o atual Programa Estratégico de Govêrno 1968-1970, não se pode negar que o planejamento já avançou alguns passos, sendo muito maior o conhecimento que se tem da economia brasileira e da utilização dos instrumentos de política econômica. Do maior conhecimento da realidade brasileira, uma parte deve ser creditada ao esfôrço do Plano Trienal em ordenar os problemas, aos debates que suscitou e pelas pesquisas então realizadas ou a que deu origem posteriormente. Também no manuseio dos instrumentos de política econômica a experiência obtida na fase em que se tentou a aplicação do Plano muito contribuiu para o conhecimento de seus efeitos e de suas limitações, permitindo, assim, o seu aprimoramento.

Em síntese, pode-se dizer que o Plano Trienal não alcançou realmente seus objetivos de promover o desenvolvimento e vencer a inflação. Mas sua contribuição foi ponderável na parte em que ele se propôs a intensificar o esforço de planejamento do país. Para quem considere que o planejamento no Brasil vai depender unicamente deste ou daquele Plano ou que se possa isolar um do outro, vale lembrar que "... o planejamento não é um esforço periódico, que se traduz num plano para um determinado número de anos, senão um processo contínuo, que requer adaptações e correções freqüentes para ter em conta as modificações de toda ordem com relação às condições iniciais, como também para ir incorporando as experiências que o próprio processo de planejamento vai oferecendo"[7].

(7) VUSCOVIC, P. *Técnicas de Planificación*, Santiago do Chile, Instituto Latinoamericano de Planificación Económica y Social, 1962.

ANÁLISE DO PLANO DE AÇÃO ECONÔMICA DO GOVERNO (PAEG) (1964-1966)

Celso L. Martone

É sobejamente conhecido o fato de que a economia brasileira experimentou uma reversão em sua taxa de crescimento a partir de 1961. Enquanto, no período 1957-61, a taxa média de crescimento se situou em torno de 6,9% ao ano, no período 1962-64 caiu para 3,4% ao ano.

O processo de desenvolvimento brasileiro no período de após-guerra teve como seu elemento dinâmico o processo de substituição de importações, responsável pela industrialização e modernização do País. Quando, a partir de 1961, foi-se paulatinamente esgotando a possibilidade de substituição maciça de importações, a economia perdeu sua fonte de dinamismo e entrou numa fase de relativa estagnação. Entretanto, em que pêse a esta perda de motivação, era de esperar que, com o nível e complexidade da industrialização já alcançada, a economia reencontrasse em si mesma novas fontes motivadoras que dariam continuidade ao desenvolvimento. Isso não ocorreu, como mostram os dados a partir de 1961, e a estagnação ameaçou perpetuar-se como um estado natural de coisas.

É válido, entretanto, perguntar por que esse novo caminho não foi encontrado espontaneamente pela economia. Simplesmente porque, durante o processo de desenvolvimento da etapa anterior, acumularam-se distorções e inflexibilidades que fecharam ao mercado a possibilidade de, por si só, corrigi-las. Entre essas distorções, sem dúvida as mais importantes foram: a) o processo inflacionário crescente que acompanhou todo o esforço de industrialização; b) o próprio sentido da industrialização, que se fez mediante técnicas intensivas de capital e a baixo índice de absorção de mão-de-obra; c) o aumento vertiginoso da participação do setor público na economia; d) a relativa estagnação do setor agrícola do ponto de vista da produtividade.

A inflação pôde, no início do processo, atuar como mecanismo de poupança forçada e, como tal, sustentar um nível de investimento que de outra forma não poderia manter-se. Porém, a partir do momento em que a inflação é introduzida nas expectativas do mercado, deixa de ter o efeito desejado sobre o setor real da economia, tornando-se um processo auto-sustentado de elevação de preços.

Por outro lado, a substituição de importações se fez, no Brasil, a baixos índices de aproveitamento de mão-de-obra. Como a população crescia à taxa de 3% ao ano e a agricultura permanecia relativamente estagnada, quando não liberava mão-de-obra, deu-se um inchamento do emprego no setor terciário com baixo nível de produtividade. O mercado de bens industriais estreitou-se relativamente, sob o aspecto da demanda, criando uma barreira à continuidade da expansão industrial.

Ao lado disso, coube ao setor Governo absorver parte da mão-de-obra que a indústria não conseguia incorporar ao processo produtivo. Essa absorção ao setor público da mão-de-obra excedente se fez com produtividade inferior ao restante da economia e provocou um aumento da participação do Governo no produto nacional. Mais ainda, a premência de investimentos infra-estruturais, motivada pela industrialização, fez ampliar-se ainda mais a porcentagem de participação do Governo na renda, desviando recursos que poderiam ser alternativamente empregados pelo setor privado e comprometendo definitivamente os orçamentos governamentais.

Finalmente, a agricultura continuou, durante tôda essa fase, praticamente aos mesmos níveis de produtividade e sofrendo um processo de descapitalização motivado pela transferência de parte de seu excedente para financiamento de investimentos industriais, o que bloqueou a modernização do setor.

A economia brasileira chegou ao ano de 1964 dentro do quadro esboçado acima e a uma taxa de crescimento que permitia apenas que permanecesse inalterada a renda *per capita*. Todos os planos de Governo a partir de 1961 e toda a polêmica instalada entre os economistas nacionais desde então tiveram o objetivo de esclarecer melhor as raízes da estagnação, ao mesmo tempo em que sugeriam soluções para a continuidade do desenvolvimento brasileiro. As divergências havidas se situam muito menos no diagnóstico do que nas soluções apresentadas.

É dentro dêsse quadro global da economia brasileira, agravado pelo estado de crise política quase permanente, que viveu o País a partir de 1961 e que culminou com a mudança de regime em 1964, que deve ser inserido o PAEG.

A Concepção do Plano e seus Objetivos

Dentro do caráter "indicativo" que deve ter o planejamento numa economia de mercado, o PAEG representou um esforço no sentido de interpretar o processo recente de desenvolvimento brasileiro e de formular uma política econômica capaz de eliminar as fontes internas de estrangulamento que bloquearam o crescimento da economia.

O plano diagnosticou como causa maior da estagnação o recrudescimento do processo inflacionário a partir de 1959, que chegou a atingir a taxa de 80% de elevação de preços em 1963, ameaçando conduzir o País a um estado incontrolável de hiperinflação. A inflação, pelas distorções que provoca no sistema de preços e pelo estado de insegurança a que leva o empresário, cria um clima desfavorável ao investimento, variável essencialmente de expectativa e grandemente influenciável pela instabilidade do mercado. Ao lado disso, o estrangulamento periódico da capacidade de importar, em boa parte motivado pelo agravamento da situação financeira externa do País, e o processo intermitente de crise política e social que caracterizou o período, fizeram com que se retraíssem as expectativas empresariais, com a conseqüente queda no nível de investimento. Ora, uma queda na taxa bruta de investimento, dada uma relação capital-produto constante, implica em queda proporcional na taxa de crescimento da renda.

A baixa taxa de crescimento do ano de 1963, descontando-se a responsabilidade da agricultura, que teve más condições climáticas, seria explicada, segundo o plano, pela retração do nível de investimento, fruto da conjugação dos fatores já apontados.

Uma vez caracterizada a inflação como uma das causas importantes na explicação das baixas taxas de crescimento do período 1962-64, o PAEG procura formular uma interpretação do processo inflacionário brasileiro. Inicialmente, o plano reconhece a origem histórica do processo no aumento de custo derivado da substituição de importações. Na medida em que um produto antes importado passa a ter produção doméstica e existe uma política deliberada de industrialização, criam-se barreiras alfandegárias para proteção do produto nacional, ainda que essa produção implique inicialmente em custos maiores para o consumidor do que os do similar importado. Dentro de um processo contínuo de substituição de importações, em que a cada ano vários produtos são substituídos, a elevação dos custos internos deve provocar uma taxa substancial de elevação de preços.

Esse tipo de inflação deve ter vigorado nos anos de intensidade maior do processo de substituição e pode ser entendido como um fenômeno quase inevitável num modelo de crescimento desse tipo. Ao lado desse, o plano reconhece outro fator estrutural de elevação de custos: a existência de inelasticidades setoriais de oferta dentro da economia. Na medida em que existem inelasticidades na oferta de produtos estratégicos, um aumento de produção somente poderá realizar-se a custos crescentes; se os setores inelásticos forem bastante importantes dentro da economia, provocarão uma elevação geral de custos e preços que reverte forçosamente em inflação.

Entretanto, argumentam os técnicos do PAEG, quando se trata de explicar uma inflação de 80% ao ano, fatores como os acima apontados perdem importância a favor dos fatores de ordem monetária, tornando-se necessário determinar os veículos monetários da inflação. Dentro dessa lógica de pensamento, o plano interpreta o processo inflacionário brasileiro como o reflexo de uma inconsistência do ponto de vista da distribuição da renda: de um lado, o Governo procura injetar na economia um volume maior de recursos do que o poder de compra dela retirado, gerando déficits crônicos no orçamento federal; de outro lado, forma-se uma luta constante entre empresas e assalariados pela fixação dos salários nominais, redundando na famosa espiral preços-salários e pressionando o nível de demanda monetária para cima.

Na medida em que, para cobrir seus déficits orçamentários, o Governo emite meios de pagamento, cria um desequilíbrio entre a oferta e a demanda agregadas preexistentes. A curto prazo, como a oferta não tem possibilidade de crescer na proporção do crescimento da demanda monetária, o reequilíbrio se fará a um nível absoluto de preços mais elevado.

Por outro lado, uma vez que os preços subiram, deteriorou-se o poder de compra de grande parte da população que vive de rendimentos fixos. Inicia-se então a disputa pelo aumento dos salários monetários na proporção da queda de poder de compra havida. Por sua vez, a elevação nominal dos salários aumenta os custos de produção, criando maior necessidade de capital de giro para as empresas. Forma-se assim uma pressão sobre o sistema financeiro para majoração do volume de crédito ao setor privado, a qual via de regra é concretizada para evitar problemas de insolvência de parte do sistema produtivo, o que dilata ainda mais os meios de pagamento e o nível de preços.

O esquema inflacionário descrito tem caráter cumulativo, como pode ser fàcilmente compreendido. Uma vez que haja, por razão induzida ou autônoma, uma elevação do nível absoluto de preços, haverá aumento de salários monetários, de custos de produção e de crédito às empresas, expandindo-se ainda mais os meios de pagamento e criando o veículo monetário da inflação.

De posse desse diagnóstico da situação do País, o estabelecimento dos objetivos do plano surgiu imediatamente como corolário. Em primeiro lugar, urgia acelerar o ritmo de desenvolvimento econômico do País, que a partir de 1962 havia sido interrompido pela acumulação de uma série de distorções. Em segundo lugar, uma vez que, entre essas distorções, a maior era a inflação, dever-se-ia adotar uma política para o triênio de combate progressivo à taxa de elevação de preços, de tal forma a garantir uma relativa estabilidade a partir de 1966. Além dêsses dois objetivos básicos, o plano se propõe ainda a atenuar os desníveis econômicos setoriais e regionais, a assegurar, via política de investimentos, uma taxa de expansão da oferta de emprego que possa absorver o contingente de mão-de-obra que anualmente ingressa no mercado e a corrigir a tendência a déficits descontrolados no balanço de pagamentos, responsáveis pelo bloqueio da capacidade de importar.

Sob o aspecto do crescimento econômico, o PAEG se propôs a conduzir a economia a uma taxa média anual de elevação do PNB no triênio 1964-66 da ordem de 6%. Esse objetivo encontra sua viabilidade histórica nas altas taxas de crescimento da década dos 50 e seria implementado basicamente através de uma política fiscal de incentivos à capitalização que garantisse uma taxa de investimento entre 17% e 20% e através da eliminação do atraso relativo do setor agrícola. O atraso da agricultura a que o PAEG faz referência é entendido no plano como um atraso tipicamente estrutural, no sentido de que a oferta agrícola seria inelástica e não responderia aos estímulos do mercado. Essa é uma velha idéia que, aos poucos, face a alguns trabalhos e pesquisas recentes, vai sendo desmentida pelos fatos, revelando ser fruto muito mais de preconceito do que de verificação empírica.

O plano parte do suposto de que não há desenvolvimento possível numa economia que sofra um processo de inflação acelerado. A inflação no Brasil, portanto, teria que ser contida dentro de limites moderados para permitir a retomada do desenvolvimento. O PAEG optou por um combate progressivo ou gradual do processo inflacionário, fixando como meta um crescimento dos preços da ordem de 80% em 1964, 25% em 1965 e 10% em 1966, último ano do plano. Além disso, a política de combate à inflação não deveria sofrer um descompasso entre as medidas destinadas a cortar os excessos de demanda e as medidas destinadas a conter os aumentos de custos, a fim de evitar flutuações de liquidez do sistema que pudessem conduzir para baixo o nível de atividade e emprego.

O Brasil necessitava, em 1964, de cerca de um milhão e cem mil novos empregos por ano, a fim de absorver a mão-de-obra que anualmente aflui ao mercado. Paradoxalmente, o ritmo de expansão do emprego, particularmente nos setores mais dinâmicos da economia, tem sido feito a uma taxa muito inferior à necessária, criando assim um índice elevado de desemprego estrutural. Em grande parte, isso se deve ao subsídio que normalmente se concedeu ao capital, seja através de taxas irreais de juros, seja através de isenções fiscais à importação de equipamentos, seja através de fixação institucional da remuneração da mão-de-obra. A superação dessa deficiência estrutural somente seria possível, em primeiro lugar, pela retomada do crescimento e pelo aumento do nível de investimento e, em segundo lugar, pelo estímulo governamental às atividades que usam mais intensivamente o fator trabalho, como é o caso da construção civil e boa parte do setor agrícola.

No que se refere à distribuição funcional da renda, o plano postula a manutenção da participação do trabalho (cerca de 65% em 1960) no produto a custo de fatores, meta que seria cumprida através de uma adequada política salarial. Além disso, prevê o aumento da parcela do produto, a preços de mercado, destinado ao Governo sob forma de tributação indireta, tendo em vista a necessidade do saneamento das finanças federais. Trata-se aqui de uma simples mudança do tipo de financiamento do dispêndio do Governo: em vez de o Governo gerar um déficit em seu orçamento e cobri-lo com emissões de papel-moeda, aumenta a carga tributária na proporção do déficit previsto. A implicação imediata dessa política é a diminuição da participação dos demais fatores, exceto trabalho, na renda, pelo menos a médio prazo.

Por outro lado, o plano objetiva ainda atenuar as desigualdades regionais de renda, através da concessão de caráter prioritário aos investimentos no Norte e Nordeste e de uma política de isenção fiscal às inversões nessas áreas.

Finalmente, a política econômica internacional do PAEG procura, de um lado, criar um sistema de incentivos às exportações, inclusive pela simplificação do sistema cambial, garantindo simultaneamente um nível de importações que não impeça o crescimento da produção interna e, de outro lado, revigorar a entrada de capitais estrangeiros no país como um meio complementar de alcançar a taxa de investimento necessária à meta de crescimento fixada.

A Estratégia Global e o Uso dos Instrumentos de Ação

A estratégia de política econômica formulada no PAEG obedece a um modelo típico de inflação de demanda, em concordância com os resultados do diagnóstico realizado. Sem dúvida o plano reconhece a existência de certas tensões de custos, principalmente associadas ao esquema de correção dos salários nominais, chegando a formular um modelo em que comparece de maneira essencial a conhecida espiral de preços-salários na explicação do processo inflacionário brasileiro. Entretanto, como ficará claro adiante, a fixação de uma política salarial rígida está ligada muito mais à meta de controle do nível de demanda agregada do que propriamente à prevenção das elevações de custos de produção. Esse enfoque do problema impediu que o plano visualizasse outros elementos de natureza autônoma, responsáveis pelo crescimento dos preços, concentrando-se nas causas de ordem monenetária.

De fato, toda a estratégia posta em prática pelo PAEG assenta no objetivo de cortar toda demanda que excedesse o nível de oferta de pleno-emprêgo, na tentativa de manter o equilíbrio do sistema com plena utilização de fatores. Para tanto, era necessário tornar compatíveis três políticas: *a*) a política de crédito ao Governo; *b*) a política de crédito ao setor privado; *c*) a política salarial, que constituíram os pontos básicos da estratégia de combate à inflação.

A política de crédito ao Governo foi formulada no sentido de evitar o impacto autônomo sobre os preços do financiamento inflacionário do déficit federal. Uma vez que, pelo menos a curto e médio prazos, se imaginava que o dispêndio corrente do Governo era inflexível para baixo e os gastos de investimentos públicos não poderiam ser cortados, sob pena de causar a paralisação de setores importantes da economia, a política orçamentária endereçou-se para outras duas direções. A primeira delas e a mais óbvia seria o aumento da receita, através da melhoria do sistema arrecadador, reajustamento de taxas e tarifas e reforma da legislação tributária. A segunda seria a de conseguir financiamento não-inflacionário para o déficit remanescente via colocação, no mercado de capitais, a taxas de juros atrativas para os investidores privados, de títulos da dívida federal. De qualquer forma, embora com essas duas soluções o Governo se eximisse de aumentar os meios de pagamento, retirava renda do setor privado, transferindo-a para o financiamento do déficit. Um aspecto que permanece para ser estudado é até que ponto o aumento da carga tributária derivado dessa política, ainda que de um lado tenha evitado maiores emissões, de outro lado não tenha aumentado os custos das empresas, criando assim novas pressões para elevação de preços.

A política de crédito ao setor privado foi orientada no sentido de manter a liquidez real do sistema produtivo e, ao mesmo tempo, evitar que a expansão dos empréstimos, pelo sistema bancário, forçasse uma expansão não desejada nos meios de pagamento. A necessidade de crédito das empresas privadas é função do crescimento da produção física e da elevação de preços e custos. É possível, então, fixar a meta de elevação do crédito bancário às empresas na mesma proporção do crescimento do Produto Nacional Bruto (PNB) a preços correntes e manter, assim, o estado de liquidez real do sistema produtivo. Entretanto, para efeito prático, a expansão do crédito ao setor privado foi tomada não em relação ao crescimento do PNB a preços correntes, mas na proporção do crescimento dos meios de pagamento, o que conduziria a resultados iguais somente na hipótese de que a velocidade-renda da moeda permanecesse constante. O sucesso dessa política, portanto, está associado a uma hipótese eminentemente quantitativista e, na medida em que essa hipótese não se verificasse, a liquidez real das empresas sofreria flutuações acentuadas, podendo provocar a paralisação de alguns setores menos sólidos.

A política salarial do PAEG introduziu uma sistemática de reajustamento salarial que visava eliminar a instabilidade dos salários reais que se vinha verificando nos últimos anos e manter as médias dos dois anos anteriores à data do reajuste. Antes disso, a correção salarial era feita à mesma taxa de elevação do custo de vida entre as datas de dois reajustes, o que criava uma acentuada instabilidade na remuneração real da mão-de-obra, na medida em que a inflação persistia a taxas elevadas, como era o caso. Adotou-se então um tipo de correção que tomava como taxa de aumento dos salários nominais aquela que reproduzisse a média dos salários reais dos dois anos imediatamente anteriores ao reajuste, mais uma parcela que refletia o aumento da produtividade da mão-de-obra. Esse mecanismo tenderia a manter, em termos reais, os salários constantes, de acordo com o objetivo de manutenção da participação do trabalho na renda de fatores.

Essa sistemática tinha ainda a propriedade de conter a demanda agregada a níveis compatíveis com o pleno-emprego e de atenuar a pressão dos aumentos de salários sobre os custos de produção, evitando o processo de geração de inflação por este lado. Entretanto, a hipótese implícita em todo o mecanismo era a de que, efetivamente, se conseguisse, a partir do momento em que ele fosse instalado, uma redução gradual e contínua da taxa de inflação. Na medida em que a inflação persistisse ou não caísse na proporção necessária, o esquema levaria forçosamente à deterioração dos salários reais e à redistribuição de renda a favor de outras classes e do Governo.

A compatibilização entre os três elementos básicos da estratégia de combate à inflação exposta acima é quase evidente. Na medida em que o Governo tivesse êxito na contenção do déficit orçamentário ou conseguisse financiá-lo por vias não-inflacionárias, os meios de pagamento não teriam que ser expandidos. O crédito às empresas, então, permaneceria relativamente estável, não provocando aumentos de liquidez perigosos do ponto de vista da inflação e, simultaneamente, o mecanismo de correção salarial evitava pressões sobre os custos e sobre a demanda agregada. Nessas condições, as causas monetárias da inflação estariam rigidamente sob controle do Governo.

Até aqui, pouco foi dito sobre a política de crescimento econômico do PAEG. Sob este aspecto, o plano não vai além da formulação de alguns objetivos gerais de fortalecimento da taxa de investimento do País, ficando quase patente nas entrelinhas a hipótese de que, uma vez contida ou eliminada a inflação, o crescimento econômico seria uma decorrência automática. De fato, esperava-se que, na medida em que a inflação amainasse, maiores incentivos seriam criados para formação de poupanças, ao mesmo tempo em que a direção dos investimentos se deslocaria da natureza puramente especulativa para a realmente produtiva. A par disso, ao Governo caberia comprimir suas despesas de custeio, aumentando a participação dos investimentos públicos no orçamento e gerando assim uma nova capacidade de investir na economia. Concomitantemente, seria desenvolvida uma política de favorecimento à entrada de capitais estrangeiros, como elemento supletivo no alcance da taxa desejada de investimento.

Análise Crítica do Plano e de seus Resultados

O objetivo primordial do PAEG foi, sem dúvida, o combate ao processo inflacionário intenso que minava a economia brasileira desde 1959. Embora teoricamente existisse uma preocupação com o desenvolvimento econômico e com a correção de algumas distorções do sistema, na prática esses objetivos perderam significação face à necessidade de pôr fim à inflação. Essa perda de ênfase do crescimento em favor do combate à inflação se prende a duas ordens de idéias: em primeiro lugar, porque se julgou que a inflação era o mal maior da economia brasileira, ameaçando transformar-se num processo irrefreável de elevação de preços que forçosamente conduziria a economia à falência; em segundo lugar, porque implicitamente se acreditava que a economia havia paralisado devido à inflação e que, tão logo ela cessasse, o ritmo dos investimentos privados seria retomado, impulsionando o sistema novamente. Dentro desse contexto, a política antiinflacionária encontrava sua melhor justificativa como critério de política econômica.

O acerto e propriedade de uma estratégia de política econômica deve ser verificado através dos resultados que ela acarreta na economia. Se observarmos os dados globais do desempenho da economia brasileira no período 1964-66, sob o ângulo do crescimento econômico e da elevação de preços, teremos o seguinte quadro:

Taxas de crescimento do PIB e dos preços
(1964-66)

	1964		1965		1966	
	Prev.	Real.	Prev.	Real.	Prev.	Real.
Crescimento econômico (P.I.B.)	6.0	3.1	6.0	3.9	6.0	4.4
Elevação de preços *	80.0	93.3	25.0	28.3	10.0	37.4

Fonte: Fundação Getúlio Vargas
Dados observados:
* Índice de preços ao atacado

A simples observação dos dados mostra que, tanto sob o ângulo do desenvolvimento quanto da inflação, as metas quantitativas estabelecidas no plano deixaram de ser cumpridas. Cabe portanto analisar até que ponto esse fracasso se deveu a incoerências internas do plano e falta de adequação à realidade brasileira, e até que ponto intervieram, nesse período, causas de caráter autônomo ou aleatório que impediram a consecução dos objetivos.

O PAEG interpretou a inflação brasileira dentro de um esquema puro de inflação de demanda, adotando uma política econômica coerentemente voltada para o combate à inflação pelo lado da demanda. Esse tipo de inflação se caracteriza pelo fato de a comunidade estar disposta a gastar, na aquisição de bens e serviços, mais do que o volume de oferta de pleno-emprego permitiria, fazendo-se então o ajustamento entre demanda e oferta agregadas através da alta dos preços. No caso brasileiro, os dois focos principais de inflação de demanda seriam a disposição do Governo em gastar mais do que a sociedade lhe entrega sob forma de tributação e o mecanismo do reajustamento salarial, que coloca em mãos dos trabalhadores um volume de renda superior à contribuição do fator na formação do produto. Se considerarmos que a propensão marginal a consumir dessa classe é próxima da unidade, essa renda adicional reverte quase totalmente ao sistema, sob forma de demanda por bens e serviços.

Logo, o Governo deveria, de um lado, reduzir o seu déficit de caixa, aumentando a carga tributária ou utilizando outros meios de retirar renda do setor privado e, de outro lado, implantar um novo esquema de correção salarial que evitasse a elevação da massa de renda à disposição dos assalariados além do limite imposto pela capacidade de produção da economia. Entretanto, colocada em prática essa política, verificou-se um fenômeno paradoxal, antagônico ao diagnóstico realizado da inflação: passaram a coexistir, na economia, taxas de inflação bastante elevadas com um estado geral de recessão econômica, no qual a capacidade ociosa era visível na maior parte do sistema produtivo. Por outras palavras, a demanda foi contraída aquém do nível de pleno-emprego e os preços continuaram a crescer a taxas próximas das verificadas anteriormente, o que era uma evidência de que a inflação brasileira responde pouco a uma política de cortes de demanda como a que foi empregada. Na realidade, importantes tensões inflacionárias, associadas aos custos de produção, foram relegadas na elaboração do plano e se manifestaram tão logo sua estratégia foi posta em prática.

Na medida em que a demanda se ampliava mais ou menos livremente, em que não havia um contrôle rigoroso da expansão dos meios de pagamento e do crédito ao setor privado e em que a massa de salários crescia paralelamente aos preços, a inflação de custos permanecia inclusa no sistema, porque sempre era possível às empresas transferirem ao consumidor os aumentos autônomos de custos ou recorrer ao crédito bancário para desafogar suas necessidades de capital de giro. Esse fenômeno de transferência, característico de uma política de *mark-up*, dava a falsa impressão de que as pressões de procura é que realmente motivavam a elevação de preços, quando elas eram responsáveis apenas por uma parcela dessa elevação. Porém, na medida em que a política antiinflacionária do PAEG começou a afetar o sistema, a demanda se contraiu e com ela o nível de consumo da economia, tornando cada vez mais difícil às empresas transferirem o ônus do crescimento dos custos ao consumidor. No entanto, os custos de produção continuavam a se elevar, quer devido às tensões inerentes ao sistema, quer devido à própria política executada pelo Governo, que as agravava.

Essas tensões de custos estão associadas aos aumentos da taxa real de juros no mercado financeiro, aos reajustes dos preços de insumos básicos para a indústria, que são produzidos por empresas do Govêrno, aos reajustes salariais, ao aumento dos preços dos bens e fatores importados pelas sucessivas quebras da taxa cambial etc. Independentemente do nível de demanda agregada, essas tensões têm a propriedade de aumentar autônomamente o nível de preços, tornando as taxas de inflação inflexíveis para baixo. A coexistência dessas tensões de custos, ao lado de um processo de expansão de demanda, gerava na economia um aumento auto-sustentado de preços, formando-se um círculo vicioso de ascensão de custos e preços. Ao mesmo tempo em que a política antiinflacionária era posta em execução, uma dessas variáveis explicativas da inflação — o crescimento da demanda — passou a se subordinar a um rígido controle governamental, ao passo que a outra, do lado dos custos, permanecia inalterada.

Uma das variáveis estratégicas da política era a contenção do déficit orçamentário federal, interpretado como um dos focos de inflação de demanda. Foi realizado um esforço no sentido da contenção, em termos reais, das despesas de custeio da União, simultaneamente à tomada de medidas tendentes ao aumento da carga tributária como fonte adicional de receita. No período de três anos coberto pelo plano, a despesa orçamentária foi reduzida em cerca de 8% em termos reais, ao passo que a receita tributária aumentou 45% em termos reais, mostrando esses dados que, de fato, a ênfase da política orçamentária foi o aumento da carga tributária. No contexto da política antiinflacionária, essa medida tinha a dupla virtude de diminuir o déficit orçamentário do Governo e ao mesmo tempo reduzir o volume de renda disponível do setor privado, segundo os objetivos de contenção da demanda.

Paralelamente, ainda no intuito de diluir o déficit, o Governo passou a reajustar os preços e tarifas de bens e serviços produzidos por empresas públicas ou suas concessionárias, gerando a chamada "inflação corretiva". Esses reajustamentos de preço, embora necessários para atualizar a receita dessas emprêsas com a inflação, criaram ou ampliaram certas tensões de custos no setor privado, na medida em que os bens e serviços reajustados eram elementos importantes na formação dos custos das empresas privadas.

Talvez mais importante do que isso, contudo, foi o próprio aumento da carga tributária sobre a economia. Embora sua finalidade fosse a de cortar o nível de demanda, atuava simultâneamente sobre a oferta pelo aumento dos custos das empresas. Considerando que o aumento real da carga tributária foi da ordem de 45%, pode-se concluir que o impacto sobre os custos deva ter sido substancial para um período de apenas três anos e tenha exercido razoável pressão sobre os preços. A par disso, o Governo perdeu uma das poucas oportunidades que o País teve para conter o gigantismo do setor público, sem dúvida um dos menos produtivos da economia, na medida em que não deu ênfase suficiente à redução radical das despesas correntes do orçamento, chegando a uma queda de apenas 8% em termos reais depois de três anos de política econômica. Essa oportunidade foi rara se considerarmos a concentração de força política de que dispunha o Governo para tomar esse tipo de medida. A força política do Governo é atestada por inúmeras medidas que, em condições normais, dificilmente poderiam ter sucesso. Sob este aspecto, deixou de existir uma visão clara das reais necessidades da economia, principalmente a longo prazo, em virtude talvez da própria incapacidade do plano em realizar um diagnóstico mais acurado da situação do País.

No setor monetário, a política posta em prática pelo plano era de rígido controle da expansão dos meios de pagamento. Na verdade, essa preocupação de conter a oferta de moeda tanto quanto possível se prendia não só ao fato de que a política de crédito ao setor privado era uma função direta do aumento dos meios de pagamento, mas principalmente a um raciocínio de natureza quantitativista, segundo o qual a elevação do nível geral de preços se faria em proporção próxima à expansão dos meios de pagamento, ou seja, a velocidade-renda da moeda deveria permanecer constante a longo prazo. Como foi visto, na medida em que a velocidade aumentasse — e de fato ela aumentou no período — as necessidades de crédito do setor privado estariam sendo subestimadas pela política monetária, advindo daí as intermitentes crises de liquidez que pontilharam toda a execução do PAEG.

Como a inflação persistia a um ritmo acelerado, as necessidades de capital de giro das empresas aumentavam gradualmente sem que a oferta de moeda acompanhasse esse aumento proporcionalmente. O sistema bancário achava-se, nessas circunstâncias, impossibilitado de atender à demanda de crédito no nível desejado, obrigando as empresas a recorrer ao mercado financeiro a fim de suprir-se de capital de giro. As taxas de juros dos intermediários financeiros são, via de regra, superiores às cobradas pelo sistema bancário e, na medida em que as empresas a ele recorriam, aumentavam seus custos financeiros e geravam novas pressões no sentido do aumento dos preços.

Todas essas tensões, acumuladas do lado dos custos, aliadas ao mecanismo de controle de preços industriais imposto pela CONEP às empresas e a um nível de demanda contraído pela política fiscal agressiva do Governo, geraram a recessão econômica que caracterizou particularmente o ano de 1965, sem que as taxas de inflação tivessem caído substancialmente. Tivemos então o fenômeno paradoxal de inflação com recessão econômica e crises conjunturais violentas, quando o nível de atividade e emprego flutuava acentuadamente. Essas crises conjunturais, em larga medida, foram provocadas pela própria instabilidade da política monetária, que de um rígido controle da oferta de moeda passava a uma política de moeda fácil, de acordo com o estado de recessão gerado na economia. De fato, a carência de crédito imposta pelo Governo fez com que as empresas fossem levadas a um estado precário de liquidez que, ao lado dos demais fatores contrários já apontados pelo lado da demanda e custos, produzia a recessão. Quando a crise já se encontrava em seus pontos mais baixos, o Governo, no intuito de prevenir males maiores, liberalizava sua política monetária e injetava na economia novos meios de pagamento, fazendo subir de novo o nível de atividade e melhorando a liquidez do sistema. Uma vez superada a crise, entretanto, voltava o rígido controle dos meios de pagamento, motivado pelo receio de que a inflação monetária escapasse novamente das mãos do Governo. Uma nova crise então se esboçava e assim sucessivamente.

Por outro lado, os dados mostram que a expansão dos meios de pagamento durante o período de execução do plano, particularmente no ano de 1965, foi relativamente grande, em que pese ao controle do Governo. Na verdade, uma vez aumentada a carga tributária e na medida em que as autoridades governamentais logravam transferir poupanças do setor privado, via mercado de capitais, para o financiamento do déficit remanescente, a necessidade de expansão dos meios de pagamento através da emissão era diminuta. A explicação para o acentuado aumento da oferta de moeda está ligada, em boa parte, ao comportamento do setor externo.

Na tentativa de sanear o balanço de pagamentos do País, o Governo iniciou uma política de estímulo às exportações; ao mesmo tempo em que as exportações aumentavam e as importações se comprimiam devido à recessão interna por que passava a economia, davam-se grandes saldos positivos na balança comercial, obrigando o Governo a emitir para realizar a conversão das cambiais de exportação. Nessa época, o País chegou a acumular provavelmente cerca de meio bilhão de dólares em reservas internacionais.

É interessante analisar mais de perto esses saldos elevados na balança de comércio no período do plano. Em primeiro lugar, como já foi visto, a política antiinflacionária deprimiu a demanda interna e provocou queda acentuada no nível de atividade e emprego. De fato, na medida em que a inflação continuava elevada, o mecanismo de correção salarial pela média dos dois anos anteriores teve a propriedade de deteriorar o poder de compra da classe assalariada; com a própria queda no volume de emprego, a folha de salários caiu em termos reais, ocasionando uma queda substancial no volume de demanda.

A diminuição do nível de demanda agregada provavelmente foi maior do que havia sido previsto no plano, surgindo capacidade ociosa na maioria dos setores e iniciando-se um processo de acumulação de estoques invendáveis. Na medida em que era possível, iniciou-se uma disputa pela conquista de mercados externos, como meio de as empresas se desfazerem de parte de seus estoques. O Governo, por seu turno, executava uma política de facilidades de exportação, através de isenções fiscais e linhas de crédito. Esses fatores provocaram um aumento do valor das exportações, sem que o nível de importações acompanhasse essa expansão.

As importações são função direta da renda interna e do volume de investimentos. Como a renda interna estava caindo pela recessão da economia e os estímulos ao investimento deixaram de existir na medida em que o mercado não respondia adequadamente às expectativas empresariais, o nível de importação sofreu uma queda natural, motivando os saldos positivos na balança comercial responsáveis, em grande parte, pela expansão dos meios de pagamento e pela acumulação de reservas cambiais vultosas.

Finalmente, para completar esta análise, deve-se abordar as metas de crescimento estabelecidas pelo programa e os seus resultados efetivos no período 1964-66. Como foi visto, o PAEG havia estabelecido um crescimento de 6% ao ano para a economia brasileira, não se chegando, em nenhum dos anos de execução do plano, a essa cifra.

Na verdade, deve-se reconhecer que, durante um período de contenção inflacionária, em que o nível de demanda agregada cai em razão da política econômica governamental, não é de esperar que o investimento, como parte da demanda agregada, deixe de sofrer o impacto provocado na economia pela deflação que então se inicia. Durante as primeiras etapas de um programa antiinflacionário, portanto, a queda do nível de investimento pode ser vista como um fenômeno natural, que acompanha, via de regra, a política de controle da demanda. Não obstante, passada a primeira fase do processo, desde que se tenha em vista realmente estimular os investimentos, não há razão teórica pela qual isso não se faça. Durante os anos de execução do PAEG, como mostram os dados, o Governo não logrou levar a economia a uma posição que motivasse a realização de novos investimentos.

É difícil enumerar, na prática, quais as variáveis que influem na decisão de investir das empresas, porque a maioria dessas variáveis envolvem as expectativas dos próprios empresários quanto à evolução futura da economia, sendo assim de difícil quantificação. De modo geral, esses inúmeros fatores de expectativas são chamados de "eficiência marginal do capital", um conceito-síntese que pode ser desdobrado em vários componentes. Um deles é a expectativa de crescimento futuro da demanda: na medida em que o empresário preveja um aumento da demanda por seus produtos no futuro, tratará de ampliar sua capacidade instalada para fazer face ao incremento esperado em suas vendas. Porém êle somente assim procederá se sua atual capacidade instalada estiver sendo totalmente utilizada no momento da previsão. Se houver capacidade ociosa em sua empresa, o incremento esperado de demanda poderá ser atendido simplesmente pela absorção da capacidade, sem necessidade de recorrência a novos investimentos.

Transportando esse raciocínio para a economia como um todo, pode-se dizer que somente haverá novos investimentos se o sistema estiver bastante próximo do pleno-emprego ou se a economia estiver operando num ramo bastante inelástico de sua curva de oferta de curto prazo, de tal forma que o crescimento da demanda só possa ser atendido através da realização de investimentos.

Novamente aqui deve-se atribuir o fracasso da política de crescimento do PAEG ao seu diagnóstico parcial da inflação. Segundo o plano, a inflação era de demanda e, uma vez que o excesso de demanda fosse cortado, a economia voltaria ao seu ponto de pleno--emprego sem inflação e estaria apta a retomar o nível de investimento necessário. Esse raciocínio simplista conduziu a uma política econômica de controle do nível de demanda agregada, conforme já foi salientado acima. Na medida em que a demanda sofreu a retração provocada pelo Governo, passou a existir capacidade ociosa na maioria dos setores industriais, que não logrou ser absorvida praticamente durante todo o transcorrer do plano. Num estado crônico de capacidade ociosa, evidentemente poucos incentivos existiam para as empresas no sentido de realização de investimentos. Por outro lado, os aumentos de custos continuavam a agir autonomamente, sem que o Governo atacasse a inflação por esse lado, e levavam as empresas a uma situação precária de liquidez. Essa necessidade de financiamento não podia ser atendida pelo sistema bancário, devido à política creditícia rígida do Governo, obrigando as empresas a recorrer aos intermediários financeiros, pagando juros mais elevados e agravando, assim, seus custos. Como se não bastasse, o aumento radical da carga tributária federal, no intuito de angariar recursos para financiamento do déficit e de restringir a renda disponível dos consumidores, criava uma nova fonte de tensão de custos para as empresas. Finalmente, ainda com o objetivo de financiar o déficit remanescente, o Governo lançava maciçamente seus títulos no mercado de capitais, a taxas de juros atrativas, desviando poupanças privadas para o setor público e cortando uma das fontes de financiamento de aumentos de capital das empresas.

Fica claro então que não apenas não foram criados os estímulos necessários à retomada dos investimentos, principalmente através da manutenção de um continuamente alto nível de atividade interna e de um ambiente geral de recuperação, mas também foram agravados alguns fatores já delicados do lado dos custos de produção e fechados alguns canais importantes de financiamento dos investimentos privados. Nessas condições, a economia não poderia, de fato, investir.

Contudo, em que pese às contradições internas à estratégia de política econômica formulada no PAEG, o plano representou uma mudança de mentalidade das autoridades governamentais em relação ao problema inflacionário, que pela primeira vez foi encarado seriamente e foi objeto de uma ação coordenada e incisiva do Governo. A rica experiência oferecida pelo PAEG, embora à custa de três anos de paralisação do desenvolvimento do País, poderá futuramente — e há razões para supor que o tem sido — ser de grande utilidade na correção do processo inflacionário sem implicar na estagnação econômica.

O PLANO ESTRATÉGICO
DE DESENVOLVIMENTO
1968-1970

DENYSARD O. ALVES
JOÃO SAYAD

1. *Quadro Político*

O Governo do Mal. Costa e Silva, empossado em março de 1967, publicou em junho do mesmo ano as suas diretrizes gerais de política econômica, com o objetivo de definir as novas linhas de Governo. Isto se fazia necessário, pois, desde a eleição até a posse, o novo Governo não havia apresentado, de forma concreta, sua orientação no que dizia respeito à política econômica, embora estivesse patente o continuísmo revolucionário no plano político.

As declarações do presidente eleito eram, via de regra, muito genéricas quando tratavam dos problemas de política econômica, versando somente sobre o homem, a humanização do desenvolvimento etc.

A não-existência de uma orientação que traduzisse concretamente um novo estilo de Governo era, até certo ponto, compreensível, na medida em que levemos em consideração o quadro político existente na época. Nos últimos meses do Governo do Mal. Castelo Branco era possível vislumbrar uma certa preocupação dos homens do Governo pelo destino futuro das suas realizações, tanto na área política como na área econômica. Desta forma, um conjunto de medidas foram tomadas pelo Governo que estava para sair, no sentido de estabelecer um arcabouço institucional que viesse preservar as conquistas e realizações do primeiro Governo revolucionário. Com a oposição desarticulada, com um Congresso inerte e com o apoio das Forças Armadas foi possível ao Governo que saía estabelecer as "regras do jogo" para o Governo que entrava, culminando sua obra com a aprovação de uma nova Constituição.

Sob esse quadro político, não era mesmo possível ao novo Governo propor novas regras imediatamente. Por isso mesmo eram muito gerais e vagas, quando não desencontradas, as declarações dos membros do novo Governo.

As críticas já se faziam sentir logo nos primeiros meses de governo, devido à inexistência de uma orientação definida, principalmente com relação à política econômico. Em junho do primeiro ano governamental, as declarações dos novos ministros da Fazenda e do Planejamento[1] já pareciam indicar que algumas alterações na orientação de política econômica estavam sendo esboçadas; mas foi somente em julho de 1967 que se deu publicidade às Diretrizes de Política Econômica[2].

2. *As Diretrizes Gerais*

Com as Diretrizes Gerais veio a lume a idéia global do que viria a ser o Plano Trienal do Governo para

(1) Palestra proferida pelo Ministro Antônio Delfim Netto, na inauguração do Clube da ADECIF, em 8/6/1967.
(2) Ministério do Planejamento e Coordenação Geral - Diretrizes de Govêrno - Programa Estratégico de Desenvolvimento - julho 1967.

o período 1968-70, dentro do qual está inserido o PED. Esse plano consta, em essência, das seguintes partes: Objetivos Básicos, Diretrizes Gerais de Política Econômica, Programa Estratégico de Desenvolvimento, Diretrizes Setoriais e Desenvolvimento Regional.

O plano definiu como objetivo básico o desenvolvimento econômico e social que condicionará toda a política nacional, tanto internamente como nas relações com o exterior. Ao lado desse objetivo básico definiu o quadro de valores que enformam a filosofia de Governo, dentre os quais se destacavam: fortalecimento da empresa privada; estabilização gradativa do comportamento dos preços; responsabilidade do Governo na consolidação da infra-estrutura; expansão das oportunidades de emprego; fortalecimento e ampliação do mercado interno.

A partir dos objetivos básicos explicitados no Plano, apontam-se os dois objetivos fundamentais da política econômica a ser seguida: a aceleração do desenvolvimento e a contenção da inflação. As soluções propostas para o alcance desses dois objetivos fundamentais diferiam, em alguns pontos, daquelas adotadas pelo Governo anterior. Para justificar a alteração das soluções o Plano Trienal apresentou um diagnóstico do comportamento da economia brasileira, no período 1964-66, que mostrava a situação de crise existente na economia, devido, em grande parte, à política econômica de combate à inflação preconizada pelo Plano de Ação Econômica do Governo (PAEG).

Segundo o diagnóstico, tal política levava a uma diminuição do nível de atividade da economia, trazendo, com isso, pressões de custo que impediram um declínio acentuado da taxa de crescimento dos preços nos anos de 1965-66.

Face a estas alterações da economia, o Plano define os instrumentos de política econômica que o novo Governo adotou, principalmente no que diz respeito à natureza do processo inflacionário. Ao mesmo tempo, a nova orientação pretendia dar um estímulo maior ao setor privado, visando restabelecer-lhe o antigo dinamismo.

Alguns meses após a publicação das Diretrizes Gerais, o atual Governo apresentou o Programa Estratégico de Desenvolvimento, que veio constituir-se na terceira parte do Plano Trienal. Definindo como objetivo fundamental o desenvolvimento econômico e social da nação, o PED pretendeu se constituir num "projeto nacional de desenvolvimento" e "demonstrar a viabilidade do caso brasileiro". Na área sócio-econômica pretende estabelecer uma "nova fonte de dinamismo", acelerar o esforço interno de poupança e investimentos, considerando como fatores básicos os recursos humanos e as reformas estruturais. Na área política, o estabelecimento de "um consenso nacional desenvolvimentista".

Um outro aspecto da nova estratégia diz respeito ao próprio conceito de planejamento, como instrumento básico de consecução da política econômica. Este tem como objetivo fundamental o aumento da produtividade e racionalidade do sistema, no uso dos recursos escassos. Para tanto, procura, quando possível, uma clara especificação dos meios, a partir da explicitação das metas a serem atingidas.

É importante observar que o Plano Trienal se resume, em última instância, no conjunto de medidas prioritárias apresentadas no PED, o qual passamos a analisar em seguida.

3. *Metodologia do PED*

Tendo como elementos fundamentais o programa de investimentos nas áreas estratégicas, a programação dos instrumentos financeiros e um conjunto de instrumentos de ação indireta sobre o setor privado, o objetivo do PED é definir os pontos principais da política de desenvolvimento econômico para o período 1968-70.

Dentro da metodologia de planejamento, esses elementos fundamentais não são apresentados como definições arbitrárias, mas determinados pelos objetivos de crescimento, pela estratégia apresentada e pelas relações estruturais identificadas para a economia brasileira.

O ponto de partida do programa apresentado foi o diagnóstico da economia brasileira, destacando, em essência, dois problemas maiores: o esgotamento ou redução das oportunidades de substituir importações e a crescente participação do setor público na economia brasileira.

Segundo o Plano, a perda de dinamismo do mencionado processo fez com que as decisões de investir, atualmente, deixassem, até certo ponto, de depender da dimensão efetiva do mercado e passassem a depender, mais particularmente, das expectativas de crescimento acelerado desses mercados. Portanto, seria indispensável que se renovassem os setores dinâmicos, pela consolidação da infra-estrutura e pelo incentivo a programas de grande poder de expansão da procura. Nesta fase, igualmente importante se afigura uma política de redistribuição de renda que preserve a capacidade de poupança, mas que assegure o crescimento equilibrado da demanda de bens e serviços. Por último, conclui o Plano, faz-se necessária a recuperação do atraso tecnológico e a melhoria da produtividade dos setores tradicionais.

Fixada esta estratégia, estimaram-se as possíveis metas quantitativas para os próximos anos, tendo em vista a limitação da capacidade de poupança e de importação e a necessidade de conciliar a expansão econômica com contenção inflacionária. Isto foi obtido através da construção de um modelo para verificação da compatibilidade entre os diferentes objetivos escolhidos. A partir dos resultados globais assim obtidos, desdobram-se os objetivos setoriais, de forma a tornar tais objetivos compatíveis com os globais. Resumindo os programas setoriais de desenvolvimento, chegou-se, finalmente, à consolidação dos elementos normativos do Programa Governamental de Investimentos nas Áreas Prioritárias e à definição dos critérios para uso integrado dos instrumentos de política econômica.

4. *Diagnóstico da Economia*

Assim como qualquer tentativa de análise da economia brasileira, o PED concentrou sua atenção sobre as causas da crise que atingiu a economia brasileira a partir de 1962. Após duas décadas de crescimento acelerado, onde o processo de substituição de importações permitiu uma evolução do produto interno da ordem de 6,1% ao ano, a economia passa a apresentar evidentes sinais de estagnação, cuja razão principal deve situar-se no esgotamento do processo de substituição. Ao mesmo tempo, acentuava-se na época o ritmo de crescimento do processo inflacionário, crescendo o nível geral de preços a taxas da ordem de 80% ao ano.

O Plano caracteriza o período 1962-66 como uma fase crítica durante a qual a economia aguardava uma alteração nos seus padrões de desenvolvimento, que possibilitariam que a economia contornasse alguns dos obstáculos criados pelas distorções acumuladas nas décadas anteriores. Quais teriam sido estas distorções?

A primeira e mais óbvia, como assinala o PED, foi o processo inflacionário crescente dentro do qual se fez a industrialização. Seria inútil assinalar aqui todos os malefícios à economia do País provocados pela inflação. Entretanto, devemos lembrar que, no início do processo, a inflação atuou claramente como um mecanismo de poupança forçada, que permitiu, de uma certa forma, tanto a complementação do financiamento dos investimentos industriais, como a própria ação do Governo em setores fundamentais, onde o mesmo era chamado a preencher a omissão da iniciativa privada.

A segunda distorção importante apontada pelo PED foi o próprio sentido da industrialização. Embora seja válido argumentar que o sentido do crescimento industrial foi, até certo ponto, determinístico, também não se pode negar ter sido ele uma das causas da paralisação do desenvolvimento a partir de 1962. A industrialização substitutiva de importação consistia, basicamente, na assimilação de processos de produção com técnicas que refletiam a escassez relativa de fatores da produção das economias que as elaboram. Como é óbvio, as disponibilidades de fatores diferem de país para país e tanto mais de país desenvolvido para subdesenvolvido. Além do mais, uma política de incentivo ao emprego de técnicas "capital-intensivas" foi levada a efeito graças à ação deliberada das autoridades de política econômica, aliada a uma legislação social que elevava, substancialmente, o custo da mão-de-obra, o

que vem explicar o baixo nível de absorção de mão-de-
-obra no período 1947-68.

Com a população crescendo a uma taxa média de 3% ao ano, deu-se um inchamento do setor terciário, dentro do qual o Governo não representou pouco, a baixos níveis de eficiência. O diagnóstico feito pelo PED usa muito propriamente o termo "estreitamento relativo do mercado" para caracterizar os efeitos da industrialização, significando, com isso, que com o processo de substituição de importações aumentaram as diferenças setoriais de produtividade. Os próprios setores que tiveram crescimento rápido da produtividade da mão-de-obra não absorveram mão-de-obra ou mesmo liberaram, reduzindo, com isso, a parcela de população ativa que, efetivamente, se beneficiou com o aumento da produção. Em termos de mercado de consumo, esses dois fatos provocaram o seu estreitamento, limitando as possibilidades de expansão posterior da indústria.

Uma terceira distorção foi o aumento vertiginoso da participação do setor público na economia, o que era de esperar, dadas as funções que o setor público da economia deve desempenhar, seja na implantação de uma infra-estrutura necessária ao desenvolvimento, seja no atendimento de serviços básicos desejados pela coletividade, motivadas pelo aumento da renda *per capita*, urbanização e pelo aumento da população. Mas o que é importante assinalar é o elevado custo de oportunidade que envolveu este aumento da participação do Governo na economia, devido ao baixo nível de eficiência do setor público na alocação dos seus recursos, quando comparado ao setor privado.

Todas essas distorções durante o período de intensa industrialização substitutiva de importações da década dos anos cinqüenta conduziram à prematura retração das taxas de crescimento do produto nacional. No momento em que a expansão industrial deixou de ser somente função da dimensão absoluta do mercado para ser também função das taxas de crescimento do mercado, o estreitamento diagnosticado, aliado às distorções de um comportamento inflacionário da economia, conduziram a uma rigidez ou inflexibilidade do sistema responsável pela não-continuação do crescimento dentro de novos padrões.

Com a mentalidade política instaurada no País em 1964, a tentativa do Governo em reprimir o processo inflacionário via cortes de demanda e política rígida de crédito, conduziu a economia a conhecer crises conjunturais bastante agudas e totalmente novas no panorama brasileiro. O Plano não deixa de reconhecer, entretanto, em que pese às contradições da política econômica nessa fase, que um árduo trabalho foi realizado no sentido de repressão da inflação que provocou uma alteração nos hábitos e comportamento dos agentes econômicos, através da "reversão de expectativas" e preparou o terreno para o Governo atual empreender sua política de retomada do desenvolvimento econômico.

5. A Estratégia de Transição: Linhas Básicas de Ação

Entende o Programa Estratégico que a retomada do desenvolvimento econômico no Brasil estaria condicionada a uma fase de preparação denominada "estratégia de transição", durante a qual seriam criados os estímulos e condições básicas para o impulso de crescimento do setor privado.

Esta fase de transição, rigorosamente, seria caracterizada pela situação em que o PIB efetivo poderia divergir do PIB *potencial*. Tal situação seria possível enquanto existisse capacidade ociosa em alguns setores, devido a insuficiências de demanda ou à sua inadequada composição setorial. Portanto, nesta fase, as taxas de crescimento do produto poderiam ser maiores do que aquelas permitidas pelo volume de investimentos, na medida em que houvesse absorção da capacidade ociosa existente.

Nesta fase, dois problemas básicos terão que ser levados em consideração: em primeiro lugar, a compatibilidade de uma política de elevação de demanda e liquidez com uma política de redução gradual da taxa de inflação; em segundo lugar, a retração do setor público, através da queda em sua participação no produto, com a necessidade de manter seu programa de investimentos nas áreas estratégicas a seu cargo.

Sob o primeiro aspecto, o PED afirma não existirem limitações à taxa de investimentos da economia no que toca à capacidade de poupança interna. As limitações mais sérias estariam situadas na dimensão financeira e não na dimensão real da poupança. Em outras palavras, isto significa que no momento constituem obstáculo a uma taxa de investimentos maior, não o volume de poupanças, mas as instituições destinadas a encaminhá-las aos investimentos. Por outro lado, no que toca ao setor externo, as limitações estariam situadas mais num hiato da balança de pagamentos do que num hiato de recursos reais, isto é, existiria limitação no que toca à oferta de divisas e não relativamente à capacidade de poupança interna.

Estas afirmações para um País em via de desenvolvimento não podiam deixar de levantar algumas polêmicas sustentadas principalmente por alguns representantes do Governo anterior. Não cabe aqui analisar a validade ou não, destas hipóteses sobre o comportamento da economia. Sendo estas, entretanto, tão importantes no contexto do PED, deveriam merecer um tratamento um pouco mais demorado.

No caso, por exemplo, do estabelecimento de uma função consumo para a economia brasileira, limitou-se o PED a levantar as principais dificuldades estatísticas do estabelecimento de uma função deste tipo, acabando por adotar como estimativa da propensão marginal a consumir aquela que se situava aproximadamente na média das estimativas mais recentes.

Quanto às importações, cuja estimação era importante para as afirmações acima, cabem alguns reparos ao modelo adotado. A introdução de uma tendência secular decrescente para as importações brasileiras, devido ao processo de substituição de importações, tende a subestimar o volume futuro desta demanda. Isto porque, provavelmente, não podemos esperar num futuro próximo uma constrição ainda maior no nosso coeficiente de importações. A prova disto pode ser encontrada, em parte, no próprio diagnóstico da economia brasileira apresentado no plano, quando se relacionam os setores onde poderia haver alguma substituição. Por outro lado, em 1968, as importações retomaram um índice pouco superior a 6% do PIB, correspondente ao registrado em inícios da década dos 60, o que acentua a afirmação anterior.

De qualquer forma, tendo concluído que a poupança global não impõe restrições ao crescimento do produto, a linha de atuação do Governo será endereçada basicamente à identificação dos setores em que a subutilização de capacidade existe e tentará superá-la via aumento de demanda, de um lado, e melhores condições de liquidez, de outro. Evidentemente, na medida em que o objetivo de redução da inflação é colocado simultâneamente, os instrumentos fiscal e monetário sofrerão limitações em seu uso, para que não *se criem* fontes de pressão sobre os preços.

A política fiscal, particularmente, apresentava-se como importante instrumento de política econômica à disposição do Governo. Em 1968, o Governo se utilizou deste instrumento, visando essencialmente a atingir os objetivos formulados pelo PED, ou seja, diminuir a participação do dispêndio do setor público como uma proporção do PIB, com diminuição dos gastos de custeio no total da despesa e conseqüente aumento das despesas com investimentos em áreas definidas como prioritárias.

Os resultados conseguidos em 1968 não permitem afirmar que estes objetivos tenham sido plenamente atingidos. As despesas de custeio continuaram apresentando elevada participação no total do dispêndio, cerca de 63%, enquanto que as despesas com investimento continuavam com pequena participação, cerca de 37%, ou seja, ao mesmo nível do ano de 1967. Alguns fatores podem ser apontados como responsáveis por esta situação. Em primeiro lugar, surge a difícil contração do item pessoal no total das despesas de custeio. As dificuldades originaram-se quer pela legislação vigente, direitos adquiridos etc., quer pela própria prática de empreguismo no funcionalismo, de difícil eliminação a curto prazo. Em segundo lugar, surge a transferência de recursos para as autarquias, sob a forma de subsídios. Tais transferências só poderiam ser diminuídas com uma política orientada no sentido de melhoria da eficiência destas autarquias, ou de diminuição de certos serviços deficitários. Mas, tal política é quase inviável no curto e talvez mesmo num prazo maior. Por último, surgiram as transferências para os estados e municípios que, no exercício de 1968, apresentaram um volume próximo ao déficit do Tesouro no mesmo exercício.

Por outro lado, numa economia que já se aproximava da plena utilização da capacidade, o Governo deveria diminuir o total de suas despesas de tal forma que fossem liberados recursos para os investimentos do setor privado com uma pressão pequena sôbre os preços. Pois, somente desta forma seria possível compatibilizar os objetivos de crescimento econômico e contenção da inflação, fundamental na estratégia de transição preconizada no PED.

Quanto ao crescimento dos preços, em 1968, cabem alguns comentários sobre os resultados obtidos, já que em 1968 o nível geral de preços cresceu de aproximadamente 25%, isto é, a uma taxa menor do que no ano anterior. Isto foi possível porque a pressão inflacionária proveniente do déficit do Governo foi, até certo ponto, atenuada. Este resultado foi obtido não tanto pela redução do déficit, devido ao aumento da arrecadação, mas principalmente por causa de uma nova forma de distribuição e financiamento do déficit, iniciada a partir de 1967. A sistemática de realização dos gastos passou a distribuir os gastos do Governo durante o ano, de forma a minimizar a pressão sôbre os preços. As despesas do Governo passaram a ser realizadas mais intensamente no primeiro semestre, provocando um aumento do déficit neste período, cujo financiamento era realizado com recursos ociosos da caixa das autoridades monetárias. No segundo semestre, quando em geral a economia intensifica o seu nível de atividade, o Governo financiava o seu déficit, esterilizando moeda, através das operações de mercado aberto, com a venda de ORTs.

Este tipo de comportamento do setor público permitiu ao Governo manter sob controle as pressões sobre os preços decorrentes da expansão do ativo das autoridades monetárias, em 1968, quando da abertura do déficit. Evidentemente, tal tipo de política só apresentaria resultados positivos, na medida em que o público não passasse a ativar os ativos líquidos à sua disposição na perspectiva de taxas crescentes de inflação. Tal tipo de comportamento foi excluído, entretanto, na medida em que o Governo aumentava planejadamente a oferta monetária.

No que diz respeito ao objetivo desenvolvimento econômico, entretanto, seria necessária uma diminuição das despesas de custeio, através de uma elevação da produtividade média dos fatores empregados pelo Governo. Alguma coisa positiva neste sentido foi obtida com a diminuição das transferências para os Estados e Municípios, com a alteração das cotas do Fundo de Participação dos Estados e Municípios, no final do ano de 1968. Isto porque uma boa parcela daquele fundo destinava-se ao financiamento de despesas de custeio, enquanto que o restante, quase sempre, era destinado ao financiamento de investimentos com baixa relação produto-capital.

Entretanto, cabe acentuar que não interessa apenas uma diminuição das despesas de custeio, independente do aumento da produtividade dos recursos à disposição do Governo, dos quais dependem, e estão estreitamente ligados outros setores da economia. Pois sem isto, não seria possível ao setor público liberar recursos para seus investimentos em infra-estrutura, nem tampouco permitir uma redução dos custos do setor privado, com elevação da taxa de retorno sobre os investimentos do setor privado. Desta forma, é de esperar que, sem um aumento da eficiência do setor público, os objetivos propostos na estratégia de longo prazo sejam seriamente ameaçados, já que dependem fundamentalmente da redução das despesas de custeio. Do ponto de vista desenvolvimento econômico, o insucesso na redução de despesas de custeio poderia, se obedecidos os outros objetivos, comprometer seriamente o programa de investimentos e, portanto, a estratégia de longo prazo delineada no Plano. Tais aspectos, entretanto, serão tratados no tópico seguinte.

6. A Estratégia de Longo Prazo

Como foi visto no tópico anterior, a primeira etapa da nova estratégia do PED consistira em elevar o nível de atividade da economia até que se chegue próximo do pleno-emprego, dado o atual nível de capacidade existente. Uma vez cumprida a primeira etapa, o encaminhamento dos problemas de crescimento econômico do País somente poderá ser encarado numa perspectiva de longo prazo e no contexto de uma estratégia global de crescimento.

Nesta nova fase, o desenvolvimento econômico é definido no Programa como "o processo pelo qual a economia receberia o impulso para aproximar progressivamente a produção efetiva da capacidade de produção, a fim de, a partir de 1973, crescer a trajetória de equilíbrio dinâmico de longo prazo". A trajetória aqui conceituada será aquela permitida pelo crescimento da renda *potencial* no tempo. Dada uma taxa de investimento e a relação capital-produto da economia, é possível determinar qual a taxa de crescimento que recolocaria o País na trajetória de equilíbrio. Os cálculos chegaram a uma taxa pouco superior a 6% ao ano. O objetivo da estratégia elaborada pelo Programa é exatamente a criação desse processo dinâmico.

Ao longo do período 1947-62, o fator dinâmico do desenvolvimento do País foi o processo de substituição de importações, que permitiu a consolidação do setor industrial a um grau razoável de complexidade. A substituição de importações foi o único fator dinâmico do crescimento e, dentro da fase histórica em que ocorreu, cumpriu seu papel. Hoje, o Programa reconhece a necessidade de diversificação dos fatores dinâmicos de crescimento como único caminho que poderia levar o País ao desenvolvimento auto-sustentado a longo prazo. A concentração em apenas um fator dinâmico, como, por exemplo, o investimento público autônomo, ou mesmo o investimento privado, encontraria barreiras no imperfeito ou incompleto desenvolvimento de outros setores da economia, particularmente dos setores infra-estruturais, sendo, portanto, de vida curta.

Por estas razões, a política de investimentos em "áreas estratégicas" definida no PED pretende, através do investimento em áreas bastante diversificadas, substituir os fatores dinâmicos que vinham promovendo o desenvolvimento industrial até 1961. Ou seja, dado o esgotamento do processo de substituição de importações, o plano optou por uma "diversificação das fontes de dinamismo" que consistirá basicamente num bloco de investimentos concentrado principalmente em infra-estrutura (80%). De certa forma, portanto, o PED adotou a teoria do desenvolvimento equilibrado, onde os incentivos dos investimentos em massa promoveriam a necessária ampliação de mercado que os tornaria rentáveis.

A opção por investimentos em infra-estrutura poderia ser contestada pela incerteza de que a existência de bons serviços de infra-estrutura promovam um incentivo a investimentos pela iniciativa privada em atividades diretamente produtivas. Evidentemente, não cabe mais hoje a controvérsia levantada entre fortalecimento de infra-estrutura e fortalecimento das atividades diretamente produtivas, controvérsia típica da polêmica entre desenvolvimento equilibrado e desequilibrado.

O que se pretende com a idéia de desenvolvimento equilibrado é que os investimentos sejam programados de tal forma que tenham sua produtividade marginal social maximizada, isto é, de tal forma que os efeitos secundários, as economias externas criadas por um investimento, sejam aproveitadas por outros investimentos concomitantes.

São estas características de um "bloco de investimentos" que não ficam bem nítidas na coletânea de projetos propostos no PED. Se bem que exista uma preocupação bastante acentuada de vincular os projetos às fontes de financiamento, o PED não fornece nenhuma demonstração cabal da prioridade dos investimentos programados. Não fica demonstrado no plano o critério de prioridade adotado, de forma a justificar as opções feitas.

Além disto, é fácil ver que, embora na estratégia de curto prazo possa ser admitido que o problema central é a insuficiência da demanda e não de poupança, a longo prazo, o problema fundamental é o de geração de poupanças necessárias ao financiamento do crescimento e expansão da capacidade. Mais ainda, na medida em que se procura diversificar os setores estratégicos, dentro de um modelo de desenvolvimento equilibrado, o aumento da taxa de investimento passa a ser essencial à implementação da estratégia. Como conseqüência, a poupança para financiar tais investimentos deverá elevar-se e nisto reside um dos pontos cruciais na implementação do Programa.

Evidentemente, a fim de que os investimentos atinjam níveis compatíveis com um crescimento da ordem de 6% ao ano da renda, duas condições deverão ser preenchidas: em primeiro lugar, a participação dos investimentos autônomos do Governo no total de suas despesas terá que aumentar e, em segundo lugar, a taxa de rentabilidade dos investimentos privados terá que ser suficientemente alta para gerar as inversões necessárias por parte deste setor.

Por outro lado, para que a rentabilidade do setor privado suba a níveis desejados, a política monetária deverá ser bastante estável para impedir flutuações súbitas de liquidez e a política fiscal deverá criar os incentivos adequados à ampliação dos investimentos privados. Mais importante ainda do que isso, a participação do Governo no PIB deverá ser contida ao nível atual ou mesmo reduzida, a fim de que a transferência maciça de recursos privados para o Governo, como ocorreu no passado recente, não desestimule os investimentos e mesmo crie dificuldade para financiá-los. Independentemente desses fatores, a rentabilidade privada aumentará na medida em que o mercado de consumo seja ampliado, permitindo ganhos de escala, e que alguns custos sejam rebaixados, o que ocorrerá na medida em que a oferta de alguns insumos básicos seja mais elástica.

Outra característica do PED na definição de estratégia de longo prazo é a preocupação constante com o principal obstáculo ao desenvolvimento industrial brasileiro, ou seja, o estreitamento relativo do mercado.

Tal obstáculo, como foi mostrado anteriormente, tem, como causas principais apontadas no plano, as seguintes:

— a baixa taxa de absorção de mão-de-obra pela indústria brasileira, devido à utilização de técnicas estrangeiras que se utilizam intensivamente do fator capital;

— o lento crescimento da produtividade agrícola que impediu que a zona rural se constituísse num mercado para os produtos industriais;

— a alta concentração de renda, finalmente, impede a existência de um mercado mais amplo.

O diagnóstico parece bastante exato no tocante às causas da limitação do mercado ao desenvolvimento industrial. Entretanto, quando o Plano escolhe as formas de solucionar o impasse, surgem alguns objetivos que merecem um comentário mais cuidadoso.

A estratégia a ser adotada objetiva inicialmente uma alteração da relação capital-trabalho. Tal alteração seria conseguida basicamente através de um incentivo à utilização da mão-de-obra, através de uma modificação de preços relativos dos fatores e através de um incentivo à adoção de técnicas que sejam poupadoras de capital.

Primeiramente, cabe a indagação se existe de fato um excesso de oferta de mão-de-obra no Brasil. Tal indagação é fundamentada na qualidade da mão-de-obra que se situa à margem do processo produtivo que, mesmo com a alteração das técnicas produtivas, não parece estar capacitada a ser absorvida imediatamente pela indústria. O Plano, em parte, reconhece o fato, embora o instrumento adequado para a consecução deste objetivo devesse situar-se basicamente na política educacional. Quanto à adoção de técnicas poupadoras de capital, seria necessário que o Brasil fizesse um esforço de pesquisa bastante importante, alterasse profundamente o modelo de desenvolvimento industrial brasileiro que se baseou na implantação de técnicas estrangeiras, o que não parece ser um objetivo viável, mesmo a longo prazo. No tocante à redistribuição de renda, o Plano não se detém na definição rigorosa dos instrumentos a serem adotados, já que se trata de uma área onde são poucas as soluções possíveis.

Parece, entretanto, que as dificuldades decorrentes da definição da estratégia a ser adotada seriam diluídas através de uma ênfase maior na política educacional que deveria constituir-se no instrumento fundamental para a correção daquele "estreitamento", quer através da capacitação de novos contingentes de mão-de-obra, quer como instrumento de redistribuição de renda. Embora tenha sua importância reconhecida, não ocupa lugar de destaque nos orçamentos de capital apresentados no plano. Isto poderia justificar-se pela pouca flexibilidade dos investimentos governamentais, cujos programas são definidos por decisões passadas e irreversíveis. No caso da energia elétrica, por exemplo, embora exista a consciência de uma necessidade de diminuição do ritmo de crescimento do setor, a opção por obras de grande vulto representa, agora, uma impossibilidade de alteração da composição da despesa de capital programada. Entretanto, existem outros setores, como é o caso de transportes, cujo montante de despesas programadas é o triplo do destinado à educação, onde não existe a justificativa levantada para o caso de energia elétrica.

Estas considerações não pretendem, de forma alguma, mostrar uma distorção patente no orçamento de capital apresentado no PED, mesmo porque podem existir diferenças na relação capital-produto entre os setores educação e transporte, por exemplo, que atenuam aquelas discrepâncias. Entretanto, como já foi acentuado, não ficou demonstrado no plano qual o critério de prioridade adotado e sob o ponto de vista de uma política de desenvolvimento a longo prazo, tendo sido aceito o diagnóstico do "estreitamento relativo" do mercado, não é muito compreensível por que o Plano não deixou um lugar de destaque para os investimentos educacionais.

Estes argumentos talvez percam um pouco de seu sentido se encararmos o PED não como um plano de desenvolvimento econômico, mas exatamente como a definição de "uma estratégia" de prazo menor e objetivos mais imediatos. Sob este aspecto, evidentemente, não caberiam estas críticas.

7. Conclusões

O PED representa, de certa forma, um avanço na experiência brasileira de planejamento. Em primeiro lugar, porque na época de sua elaboração já era bem nítida a consciência da necessidade de planejamento ao menos das atividades governamentais, cuja importância na vida econômica da nação não permite uma ação desordenada. Por outro lado, pode-se afirmar que já existia uma "tradição" de planejamento governamental, obrigando os novos governos de qualquer nível desde o federal ao estadual a apresentar seus planos de ação.

Ao mesmo tempo já existia na época da elaboração do PED uma estrutura administrativa com esperiência de planejamento, o Escritório de Pesquisa Econômica Aplicada. Tendo acabado de realizar o Plano Decenal de Desenvolvimento Econômico para o Governo anterior, podiam contar com um manancial de informações e pessoal experimentado, o que, evidentemente, deve ter influído na elaboração do Plano.

Finalmente, o PED optou por um horizonte de tempo restrito, o que possibilitou a utilização de um modelo econômico mais adequado, com um poder analítico maior e a definição mais precisa das metas quantitativas. Como um Plano de médio prazo, demonstra uma preocupação mais acentuada com os aspectos operacionais do planejamento e, principalmente, com os problemas relativos à execução e implementação.

Estes aspectos relativos à execução são relativamente novos na experiência brasileira de planejamento, já que, embora a atividade planejadora no Brasil tenha uma existência relativamente longa, os aspectos relativos à implementação do planejamento tem sido quase que, na maioria das vezes, completamente negligenciados. No caso do PED, foi instalado um Sistema de Acompanhamento das medidas propostas, cuja atuação, ainda desconhecida, garante ao Plano uma distinção em relação às experiências anteriores.

Somam-se a todos estes aspectos os resultados obtidos durante o ano de 1968. A elevada taxa de crescimento do produto, estimada em torno de 6%, a redução da taxa de crescimento do nível geral de preços que decresceu para 25%, aproximadamente, o volume dos investimentos privados e outros indicadores da economia que apenas acabam de ser conhecidos creditam ao PED uma soma favorável de pontos. Ao menos no que toca à estratégia de transição elaborada no plano e no tocante à programação dos instrumentos financeiros e fiscais, os resultados obtidos são evidentemente auspiciosos. E já que a estabilização da economia é uma etapa imprescindível à retomada do desenvolvimento econômico, deste ponto de vista o Plano pode enumerar a seu favor estes fatos.

Evidentemente, estes aspectos não isentam o PED das críticas levantadas anteriormente, principalmente com relação a alguns problemas relativos a esta estratégia de transição, como é o caso da composição das despesas governamentais e o caso da diminuição de sua participação na formação do produto nacional, que não permitem uma avaliação das perspectivas para 1969 e 1970.

Sob uma perspectiva de tempo mais ampla, a análise da estratégia de desenvolvimento econômico propriamente dita exigiria um tratamento mais cuidadoso, já que implica em alterações mais profundas na estrutura econômica do País.

O problema relativo ao volume de poupanças necessárias ao crescimento da economia encarado sob uma perspectiva de tempo mais longa, parece ter sido negligenciado ou talvez encarado com excessivo otimismo. Quanto ao "estreitamento relativo do mercado", as estratégias adotadas foram mal definidas, faltando, por exemplo, a ênfase necessária à política educacional.

Tais críticas, entretanto, perdem a razão de ser se encararmos o PED como um plano de médio prazo, uma "estratégia" simplesmente, cujos objetivos são bem mais limitados.

A EXPERIÊNCIA REGIONAL DE PLANEJAMENTO

José Roberto Mendonça de Barros

I. Introdução

Assim como o planejamento em nível nacional, a experiência regional é recente no Brasil. As primeiras tentativas datam do fim da década dos 50, particularmente através da idéia e dos programas da SUDENE, no Nordeste, e do Grupo de Planejamento do Estado de São Paulo (Governo Carvalho Pinto, 1959-1963). Por esta razão, abordaremos aqui a experiência verificada nestas duas regiões.

Em essência procura-se utilizar o mesmo modelo apresentado (Cap. 1) para o País como um todo, ou seja, otimizar a alocação de recursos. Todavia, várias qualificações devem ser feitas na aplicação do modelo em escala menor de tal forma que em muitos casos ele se descaracteriza totalmente, tomando o planejamento muito mais a forma de "administração de recursos públicos" (I).

Dentre as ressalvas necessárias à adaptação do modelo geral destacam-se:

1. No mais das vezes as "economias" estaduais absolutamente não coincidem com a divisão política do território. Todavia, é a partir desta divisão que se formulará e se implementará o planejamento.

2. Boa parte dos instrumentos de política econômica são da alçada federal. Isso traz duas ordens de conseqüências: de um lado os efeitos das políticas gerais (monetárias, creditícias) não se propagam de maneira uniforme entre os Estados; estes, por seu lado, devem reorientar, defender-se ou estimular estes efeitos de acordo com cada caso. Por outro lado, para os governos estaduais particularmente, existe uma margem bastante pequena de mobilidade em termos de política econômica (por exemplo, é diminuta a participação dos bancos estaduais no crédito concedido às empresas).

Esta falta de flexibilidade, e de recursos na maioria dos casos, faz com que muitas vezes o planejamento regional nada mais seja que um instrumento mais útil de pressão junto ao Governo Central.

3. Finalmente, o plano estadual deve, ao menos em tese, adequar-se aos objetivos nacionais. Dentro desta perspectiva é preciso compatibilizar os objetivos de maximização do produto nacional com a minimização das disparidades regionais, o que nem sempre é possível, dado o estágio e a orientação do desenvolvimento (VIII). Na prática, entretanto, parece ocorrer que esta compatibilização não se verifica. Buscando cada unidade incrementar o mais possível sua taxa de crescimento, independente do resto do País [1].

---

(1) A esse respeito é interessante lembrar que a política tributária ao nível dos Estados tem mais o caráter de "guerra fiscal" que instrumento integrado de promoção do desenvolvimento.

Além destes problemas no campo da concepção do planejamento, deve-se considerar aquêles relativos à formulação e implementação: o problema dos dados (mais sério ao nível estadual uma vez que não se tem idéia dos fluxos, real e financeiro, entre as diversas unidades), a centralização ou descentralização, as resistências da burocracia tradicional, e a tradução de planos em orçamentos anuais. Todavia parece-nos que estes problemas são bastante semelhantes aos verificados no plano nacional e por esta razão não serão aqui enfocados.

Colocadas as notas que nos parecem mais importantes, podemos passar a uma tentativa de análise da experiência da SUDENE e do Estado de São Paulo.

II. *Experiência Paulista*

A experiência paulista de planejamento é extremamente interessante por uma série de razões: em primeiro lugar dada a particular condição de estado de região mais desenvolvida que a média do País. Em segundo lugar, a posição do Governo do Estado é também única. Além disso, o próprio planejamento efetivado apresenta duas fases bem distintas, uma "simples" e uma "sofisticada" às quais correspondem diferentes eficiências, estruturas administrativas, etc.

A especial colocação da região no contexto do País é fato largamente conhecido: a renda *per capita* paulista é estimada, atualmente, em torno de 500 dólares enquanto a média brasileira deve andar pela casa dos 300. Esta situação deve-se particularmente à grande concentração da atividade industrial, especialmente na área do chamado "Grande São Paulo"; além disso, é fato também conhecido que a *performance* da agricultura paulista no sentido de sua modernização[2] tem sido bastante razoável, ou mesmo excelente se comparada com o resto do País. Complementando este quadro, sabe-se que os níveis de atendimento dos equipamentos sociais existentes (inclusive infra-estrutura) é também elevado.

---

(2) Modernização está aqui entendida como ganhos de produtividade pela melhoria da qualidade dos fatores empregados. A esse respeito veja-se *Transforming Traditional Agriculture*, de J. W Schultz.

Esta colocação primeira já permite ver qual a orientação geral do planejamento na região: trata-se de amparar e estimular o crescimento econômico e social dentro da orientação geral do processo, qual seja, o desenvolvimento industrial como pólo dinâmico do sistema [3]. Nesse sentido, o planejamento do Estado de São Paulo tem, de partida, mais condições de ser eficaz que qualquer outra região brasileira, onde a primeira tarefa é a modificação de estruturação mesma da atividade econômica. Além disso, sendo a região o pólo de crescimento do País como um todo (além de representar aproximadamente um têrço da renda interna) boa parte das políticas "gerais" (cambial, creditícia etc.) visam primordialmente a atender ao crescimento da região [4].

Nesse sentido, as condições iniciais para um planejamento eficaz estão colocadas. A situação particular do Governo do Estado reforçará ainda mais estes fatos, uma vez que São Paulo é a única unidade da Federação com receita pública suficiente para financiar investimentos. De fato, o Estado de São Paulo é, talvez, o único do País que efetivamente despende recursos para investimentos em volume apreciável (quer em termos absolutos como relativos). Os dados presentes no orçamento de 1969 consignaram as seguintes dotações:

Despesas de custeio	4.256.683
Despesas de capital [5]	1.637.317
Total da despesa	5.894.000

Uma análise mais detalhada revela que o Estado é responsável pela manutenção e aplicação da rede rodoviária, abastecimento de água e coleta de esgotos, ferrovias, Universidades, pesquisa e extensão rural etc. A participação do Governo Central no dispêndio públi-

(3) É importante observar que a polarização industrial tem, recentemente, levado a região, principalmente a área metropolitana de São Paulo, a apresentar uma importância relativa do setor terciário em proporções crescentes (mercado de capitais, por exemplo).

(4) Ou, pelo menos, as repercussões sobre a área são sempre levadas em consideração.

(5) Observe-se que parte destas dotações refere-se a operações financeiras.

co da região é bastante modesta; os dados do orçamento de 69 revelam a seguinte situação:

Receita estadual

Receita tributária	4.688.762
Outras receitas	1.005.817
Transferências do Governo Federal	199.421

Nestas condições podemos dizer que o Estado tem condições excelentes para formular e implantar um planejamento eficaz, uma vez que não se quer alterar qualitativamente o processo; as políticas gerais (Governo Federal) sempre levam em consideração a posição e as repercussões no Estado; o Estado é diretamente responsável, e portanto pode programar, pela quase totalidade das obras e serviços prestados pelo setor público. Basta verificar de que forma estas condições foram efetivamente aproveitadas.

Já foi dito anteriormente que a experiência paulista de planejamento apresenta duas fases bem distintas: uma 'simples', correspondente ao Governo Carvalho Pinto (59-63) e outra 'sofisticada', a partir daí. Em essência, a primeira fase correspondeu a um sistema razoavelmente eficaz, e a segunda fase a um planejamento bastante desligado da execução, e portanto, ineficiente.

O sistema de planejamento no período 59-63 era bastante simples: um pequeno grupo de técnicos (Grupo de Planejamento), ligados diretamente ao Governador, era encarregado de formular e acompanhar o chamado Plano de Ação. O plano era, na realidade, a consolidação e reprogramação das propostas apresentadas pelas várias unidades administrativas, ao qual se acrescentaram alguns itens novos (como o CEASA, por exemplo), decorrentes de proposições assumidas pelo poder político. Na medida em que a máquina administrativa participava da elaboração do plano foi possível transformar as proposições de obras e serviços em termos de orçamentos anuais. Desta forma foi possível pela primeira vez tornar um plano operacional, isto é, foi possível executar, acompanhar e reformular sempre que necessário.

É bem verdade que o Plano de Ação pode ser criticado na sua formulação, na medida em que, tecnicamente, ele deixa muito a desejar; não partiu ele de um bom diagnóstico da economia paulista, diagnóstico este que deveria mostrar os pontos de estrangulamento existentes e sugerir prioridades; não houve também uma quantificação da demanda de serviços e obras públicas. Em resumo, faltou ao plano uma visão global da região sobre a qual iria atuar, bem como de suas deficiências. Estas críticas de fato procedem, e podem ser consignadas como pontos negativos do período. Além disso, pode-se criticar o sistema na medida em que ele não foi institucionalizado. Não tendo o Governador Carvalho Pinto conseguido eleger seu sucessor, o Grupo de Planejamento foi dissolvido, os técnicos em sua maioria deixaram o Governo e desta forma perdeu-se preciosa experiência, acumulada durante quatro anos e de valor inestimável. Como veremos adiante, na fase posterior a 1963, o sistema de planejamento do Estado começou novamente na estaca zero, quer em pessoal como em metodologia, estrutura administrativa etc.

Por outro lado, podemos anotar como pontos positivos:

1. A formulação final e controle da execução eram feitos por um grupo pequeno de técnicos, diretamente vinculados ao Governador. Por isto foi possível uma razoável unidade e uma relativa desvinculação da burocracia tradicional, tornando o sistema bem flexível.

2. Na medida em que houve participação da máquina administrativa na elaboração do plano foi possível adequá-la aos orçamentos anuais, isto é, uniu-se o lado físico (planos de obras) à execução financeira. Este nos parece ser um dos maiores problemas que enfrenta o planejamento no Brasil, e a sua superação, no período em questão, foi condição básica para a eficiência verificada no período.

Além disso, foi possível montar um sistema de informações que permitia o controle da execução do plano e sua modificação sempre que necessário.

3. O sistema administrativo em que se baseava o planejamento era bastante simples e flexível, na medida em que apenas se criou o Grupo de Planejamento como órgão de formulações e controle[6].

Em virtude destes pontos, o planejamento no período, ainda que apresentando falhas, principalmente na concepção do plano, pode ser considerado como experiência positiva.

A segunda fase da experiência paulista confunde-se com a tentativa de institucionalização do sistema de planejamento, através da criação da Secretaria do Planejamento, em alternativa do Grupo de Planejamento. Em oposição ao que já foi colocado anteriormente, a segunda fase caracteriza-se por uma razoável ineficiência do sistema gerado, principalmente por: inexistência de uma equipe de técnicos com experiência, desarticulação do sistema de informações anteriormente existentes, sem a criação de outro e, principalmente, grande desvinculação do planejamento físico (o plano propriamente dito) e a execução financeira. É nesta terceira característica que parece residir o centro do problema: a experiência do Grupo de Planejamento mostrou que é possível obter, selecionar e alterar informações dos organismos executores de obras ou prestadores de serviços, ou seja, é perfeitamente possível elaborar um plano de Governo. De fato, o Plano de Desenvolvimento Integrado (PLADI 1964-68) é o mais completo e tecnicamente melhor plano já elaborado. O problema maior surge na execução do planejamento, onde os orçamentos anuais devem adequar-se às normas preestabelecidas e o sistema de informações deve ser suficientemente eficiente para permitir as alterações, inevitáveis, na execução do plano.

É exatamente aí que a Secretaria do Planejamento não conseguiu superar-se: de fato, o que se tem verificado é uma grande desvinculação entre o aspecto físico e o financeiro, desvinculação esta que levou ao abandono do PLADI pouco após sua vigência, e que tem levado a atividade do Estado a uma situação de

---

(6) É importante salientar que, estando o GP ligado diretamente ao Governador, não ficava êle dependente de articulações políticas (que levassem à reforma de secretariado, por exemplo) ao mesmo tempo em que se situava acima das diversas Secretarias, estando, pois, em melhores condições de formular o plano.

empirismo total. Na elaboração do orçamento, os pedidos dos diversos órgãos são simplesmente consolidados e a liberação dos recursos deve-se essencialmente à capacidade de convencer seus dirigentes.

Dois exemplos ilustram bem este estado de coisas: a criação da Secretaria do Planejamento implicou a necessidade de ouvi-la em qualquer liberação de verba para investimento, o que é absolutamente correto. Todavia, na medida em que o fluxo de informações não permitia a alteração e adaptação do plano no tempo, os técnicos passaram a não ter normas nas quais se baseassem para aprovar ou não sua verba. Este fato fez com que uma norma elementar na execução de um plano se transformasse em mais um trâmite burocrático, complicando o próprio sistema administrativo tradicional.

O segundo fato interessante a considerar é a desvinculação entre a Secretaria do Planejamento e da Fazenda. Existe na estrutura administrativa vigente em cada Secretaria um Grupo de Planejamento, organismo do sistema de planejamento, encarregado de fornecer elementos e acompanhar a execução do plano. Ao mesmo tempo e nos mesmos lugares, existem as Comissões Permanentes de Orçamentos, encarregadas de fornecer informações e acompanhar a execução orçamentária. Na prática verifica-se que os dois sistemas trabalham isoladamente e, quando isto não se verifica, é porque os GPs tomam a peça orçamentária como um dado e trabalham apenas a partir daí. É evidente que com esta situação o sistema de planejamento estadual está longe de poder ser eficiente.

A partir de 1968, o Estado de São Paulo partiu para uma experiência de orçamento-programa que poderá melhorar substancialmente o sistema de planejamento no Estado, no sentido de que a desvinculação dos programas físicos e dos cronogramas financeiros pode ser superada. Todavia, na medida em que o Orçamento Programa apenas consolida as proposições dos órgãos setoriais, os resultados, ainda, serão limitados. Não haverá um diagnóstico da região, não existirão estimativas globais e, em decorrência, não haverá uma orientação geral para o setor público estadual. Na realidade, apenas foi criado um instrumento útil ao planejamento: o plano e a complementação do próprio sistema de planejamento ainda estão por implementar.

III. *A Experiência do Nordeste*

1. A CONCEPÇÃO DA SUDENE

É, hoje, bastante conhecida a mudança de enfoque sobre a problemática do Nordeste, após a seca de 1958 (II). De uma forma sintética, pode-se dizer que a orientação geral assumida pelo poder público era planejar e executar um grande número de obras de engenharia, procurando incrementar a oferta de água no Polígono da Seca (essa política foi denominada por Celso Furtado como *"approach* hidráulico").

A crise que se seguiu à seca de 1958 comprovou o fracasso daquele encaminhamento (desde 1877 o Governo Federal executava programas de combate à seca dentro daquela óptica). A partir daí, tenta-se formular uma nova estratégia: a solução do problema não estaria na oferta de água, mas sim num conjunto mais amplo de medidas que assegurassem o desenvolvimento econômico da região como um todo, tornando-a, assim, menos dependente das variações de precipitação pluviométrica. Esta nova colocação do problema foi esboçada por um Grupo de Trabalho nomeado pelo Presidente da República e acha-se consubstanciada num relatório denominado "Uma Política de Desenvolvimento Econômico para o Nordeste" (IV, apêndice).

Como conseqüência daquele trabalho foi criada a SUDENE (Superintendência do Desenvolvimento do Nordeste), organismo encarregado de planejar, encaminhar e coordenar um conjunto de medidas destinadas a promover o crescimento da região e a melhoria dos padrões de vida da população.

Inicia-se, neste instante, uma experiência fascinante no campo de planejamento, que, agora, tentaremos avaliar.

2. EMBASAMENTO DA SUDENE

Já foi salientado, anteriormente, que o planejamento deve ser entendido como um processo e não como a elaboração de um particular plano. Assim, o Relatório coordenado por Celso Furtado já encontrou várias tentativas de compreensão da realidade, além do esboço de algumas linhas, posteriormente consubstanciadas no próprio relatório do GTDN (Grupo de Trabalho para o Desenvolvimento do Nordeste, coordenado por Celso Furtado).

O esforço mais importante foi realizado pelos técnicos do Banco do Nordeste do Brasil, fundado em 1953, que tinha como missão básica estimular o crescimento de novas atividades na região. Na realização deste trabalho, o BNB empreendeu as primeiras pesquisas econômicas sobre a área, coletando estatísticas básicas e preparando pessoal técnico qualificado. Nesse sentido, o trabalho do GTDN e a própria concepção da SUDENE colocam-se como um passo adiante no processo de engajamento do setor público no objetivo de superar o desequilíbrio entre o Nordeste e o Sul do País.

3. OS PRINCIPAIS ASPECTOS A ANALISAR

A análise do trabalho da SUDENE, de uma forma ampla, deve ser feita em três níveis: a concepção do problema marcada pelo relatório do GTDN e pelas linhas mestras dos diversos planos diretores; os problemas de execução, principalmente no que se refere à coordenação entre os diversos órgãos executores do plano e, finalmente, a avaliação dos resultados obtidos.

O relatório do GTDN é, ainda hoje, documento básico da política econômica do Nordeste. Na primeira parte, é apresentado um diagnóstico da região que, em síntese, diz o seguinte:

a. O mais grave problema econômico do País (em 1959) é a disparidade de níveis de renda existentes entre o Nordeste e o Centro-Sul.

b. Mantidas as condições prevalecentes (na época), aquela disparidade deverá aumentar.

c. O processo de industrialização no Centro-Sul, via substituição de importações, provocou uma transferência de renda do Nordeste para o Sul, especialmente em decorrência da política cambial adotada.

d. Além dessa transferência observa-se um duplo fluxo de recursos: via setor privado para o Sul e via setor público para a região. Ocorre que, enquanto as inversões no Sul eram de caráter reprodutivo, a atividade do setor governo era essencialmente assistencial (estimava-se que os fluxos se compensariam).

e. O fator dinâmico do crescimento da região era a exportação de alguns produtos primários (algodão e açúcar) sujeitos às variações do mercado internacional e ao declínio secular de preços. Nestas condições, a única forma de incrementar, com segurança, o nível de renda da região seria desenvolver outras atividades, especialmente a industrialização.

f. Na ocorrência de secas, a produção de alimentos é o setor mais prejudicado. Desta forma, as repercussões sociais são muito profundas.

g. A atividade do setor público deixa muito a desejar, porque se situa em duas únicas linhas de ação: uma de caráter assistencial e, de outro lado, a construção de uma rede de açudes. Na medida em que essa atividade é, apenas, o primeiro passo para uma melhor utilização do solo e das águas, conclui-se que a ação governamental está longe de atacar as raízes do problema.

Calcado neste diagnóstico, o GTDN propõe um plano de ação, que pode ser resumido nos seguintes pontos:

a. Reformulação da política de aproveitamento dos solos e águas na região semi-árida, a partir da idéia de que a construção de uma infra-estrutura de açudes e de estradas é insuficiente para tornar a região mais resistente às secas.

O relatório não sugere quais as novas linhas a serem adotadas, deixando o encargo a um grupo de trabalho que seria criado posteriormente. Está aqui, entretanto, colocada como ponto básico a necessidade de coordenação entre os diversos organismos responsáveis pelo programa.

b. Reorganização da economia da região semi-árida e a abertura de frentes de colonização: a idéia central é buscar a elevação da produtividade da pecuária e das culturas xerófilas. Nestas condições, deverá elevar-se a renda gerada na região e sua capacidade de resistência à seca (este ponto está intimamente ligado ao anterior). Como conseqüência deste programa haverá uma redução na produção de alimentos (setor de subsistência) e uma liberação de mão-de-obra. A solução apontada é a organização de frentes de colonização na periferia do Polígono das Secas, especialmente o interior do Maranhão e Goiás. É importante observar que a solução do problema de emprego estaria, segundo o relatório, nas frentes de colonização e no desenvolvimento da atividade industrial.

c. Incremento à industrialização. O desenvolvimento de um centro manufatureiro é apontado como sendo a única forma de absorver grandes quantidades de mão-de-obra, com elevada produtividade, dada a escassez de recursos naturais (terra). Em particular, é apontada a viabilidade da instalação de um núcleo de indústria siderúrgica, que deverá permitir a expansão dos setores metalúrgicos e mecânicos em geral. Além disso, dever-se-ia fomentar as indústrias que aproveitam, em condições competitivas, as disponibilidades de matéria-prima local (tais como cimento, adubos fosfatados etc.). Uma outra fonte seria o reerguimento das indústrias tradicionais na região, especialmente a têxtil algodoeira.

d. Solução imediata para o problema da oferta de energia elétrica nas regiões ainda não atendidas pela CHESF, especialmente os estados do Ceará e do Rio Grande do Norte.

e. Aproveitamento das conquistas tecnológicas, de modo a maximizar a utilização da constelação particular de recursos da região.

f. Aumento da oferta de alimentos nos centros industriais. Este item é considerado básico para o êxito da política de desenvolvimento regional. Sugere-se, para incrementar a oferta de alimentos, a melhor utilização das terras da Zona da Mata, do Agreste e a aplicação da frente agrícola na faixa irrigável do São Francisco.

g. Assistência técnica aos governos estaduais, especialmente na formulação dos planos estaduais que deverão estar em consonância com a política regional.

h. Articulação geral da execução do plano: a execução do trabalho estaria, fundamentalmente, a cargo do grupo de trabalho constituído por elementos dos diversos organismos que atuam na região. Ainda que não exista relação funcional entre os grupos e as agências, espera-se que o seu trabalho dê resultados concretos. A coordenação geral caberia a um grupo central (GTDN, depois SUDENE) com sede em Recife. A filosofia geral é "uma tentativa de coordenação administrativa baseada na unidade de propósitos".

É fundamental observar que o objetivo de elevar o nível de renda regional de forma a obter uma economia menos dependente implica no ataque simultâneo a várias frentes, uma vez que, não verificada esta condição, as adaptações dinâmicas do sistema podem gerar uma configuração totalmente distinta. De fato, as proposições do GTDN tinham em vista não só a melhora qualitativa dos diversos setores econômicos mas, principalmente, assegurar uma interdependência setorial de tal forma que boa parte dos "motores de crescimento"[7] passassem a se localizar no próprio Nordeste.

As proposições básicas da SUDENE podem ser descritas num modelo a dois setores, bastante simples onde duas hipóteses básicas se colocam:

a) não há importação de alimentos[8];

b) os problemas monetários e cambiais são ignorados;

c) a mão-de-obra só é móvel de dentro para fora da região.

(7) A respeito do termo veja-se R. Nurkse: *Patterns of Trade and Development*.

(8) Os dados disponíveis parecem confirmar estas hipóteses; veja-se a êste respeito "Agricultura e Desenvolvimento Econômico", ANPES, 1965.

Utilizando-se destas hipóteses e dos objetivos enunciados pelo GTDN pretendia-se que o sistema nordestino chegasse à seguinte configuração:

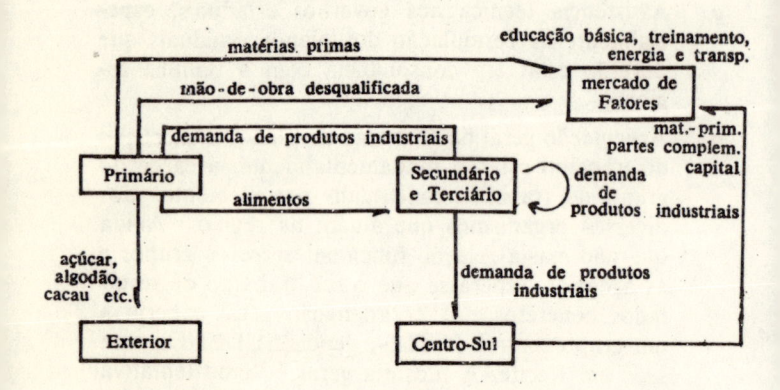

```
                                    educação básica, treinamento,
            matérias primas              energia e transp.
    ┌──────────────────────────────→ ┌─────────────┐
    │   mão-de-obra desqualificada   │ mercado de  │
    │ ─────────────────────────────→ │   Fatores   │
    │  ┌─demanda de produtos industriais─┐└─────────────┘
    │  │                              │      mat.-prim.
 ┌──┴──┴──┐                    ┌──────▼──────┐ partes complem.
 │        │                    │ Secundário  │ demanda  capital
 │Primário│     alimentos      │e Terciário  │↺  de
 │        │ ─────────────────→ │             │ produtos industriais
 └──┬─────┘                    └──────┬──────┘
açúcar,                                │
algodão,                demanda de produtos
cacau etc.                  industriais
    │                              │
 ┌──▼──────┐                    ┌──▼──────────┐
 │Exterior │                    │ Centro-Sul  │
 └─────────┘                    └─────────────┘
```

Através dos programas de colonização, da recuperação de terras, da melhoria das condições de produção e criação, a renda no setor primário deveria elevar-se, transformando-se de setor de subsistência em comercial. O setor agrícola passaria a ser mercado de produtos industriais, quer para consumo (fruto da elevação da renda) quer como *inputs,* fruto de melhoria nas condições de produção. Ao mesmo tempo a oferta de alimentos ao setor urbano se elevaria evitando problema de alta de preços e pressão demasiada sobre o nível de salários.

Por outro lado, a industrialização seria estimulada: no que se refere à oferta de fatores, os governos se encarregariam diretamente da infra-estrutura, notadamente energia e transportes; ministrando treinamento básico, a mão-de-obra desqualificada, que o setor primário liberava, seria transformada em oferta de trabalho, para o setor urbano. O mecanismo de incentivos fiscais forneceria, além de créditos oficiais, a oferta de capital necessário para financiar os novos projetos industriais. Os efeitos multiplicadores do investimento elevariam a renda no setor urbano, incrementando a demanda de produtos industriais. As exportações para o Centro-Sul complementariam o mercado para as novas plantas.

É fácil ver que neste sistema os objetivos básicos da política econômica seriam atingidos: o nível de renda aumentaria, a parte substancial de demanda (responsável pela elevação de produção) estaria na região e haveria uma estreita relação entre os vários setores, denotando maior integração econômica. É claro, também, que o sistema é simultâneo, ou seja, são as relações entre os diversos setores que dão as condições de crescimento, o que implica na necessidade do ataque em diversas frentes, como atrás foi mencionado.

4. UMA TENTATIVA DE AVALIAÇÃO

4.1 — *O crescimento da renda*

Os dados disponíveis (estimativas da renda interna elaboradas pela Fundação Getúlio Vargas) parecem indicar que o objetivo básico da SUDENE, a elevação do nível de renda regional a níveis suficientes para inverter a tendência de agravamento das disparidades regionais, foi em parte atingido. De fato, a renda interna da região, que no período 47-49 representava 16,67% da renda interna do Centro-Sul e apenas 15,77% nos anos de 56-58, eleva-se após dez anos de trabalho, atingindo 18,38% no período 64-66, último para o qual as informações são disponíveis.

Este resultado foi obtido uma vez que a taxa de crescimento da renda na região Nordeste tornou-se maior nos últimos anos, refletindo os resultados dos intensos investimentos na área, ao lado da crise que após 1963 amorteceu o crescimento no Sul. A Tabela abaixo indica o resultado dos cálculos:

Taxas de crescimento da renda interna
(cruzeiros constantes)

PERÍODOS	NORDESTE	CENTRO-SUL
47-58	4,74	5,66
54-66	4,99	3,96

Fonte dos dados brutos: *Conjuntura Econômica*, outubro 1969

Deve ser observado, no entanto, que a inversão da tendência deve-se muito mais à queda verificada no

Centro-Sul, que a incrementos substanciais na própria região, uma vez que para o Nordeste a taxa de crescimento eleva-se apenas ligeiramente. No período mais recente é possível que o crescimento tenha de novo caminhado para a igualdade, dada a recuperação do nível de atividade na região Sul. Entretanto, é fora de dúvida que a atuação da SUDENE permitiu uma melhoria substancial na evolução da renda regional. Resta saber se este crescimento foi consentâneo com os outros objetivos propostos, especialmente o da alteração na estrutura econômica da área e sua articulação.

4.2 — O desempenho do setor primário

A análise do setor primário apresenta, dentro do modelo proposto, uma dupla característica: de um lado, a produção agrícola cresceu a taxas elevadas, o que contribuiu para o bom comportamento do nível da renda e suas variações, como foi demonstrado na seção anterior; por outro lado, e mais importante, a expansão observada foi apenas extensiva, sem as alterações qualitativas que se faziam necessárias, o que comprometeu profundamente a eficácia do modelo proposto.

A simples observação das taxas de crescimento da produção agrícola no Nordeste e sua comparação, para os mesmos períodos, com a produção brasileira revela bem o notável crescimento da produção agrícola regional na época posterior à SUDENE.

Taxas de Crescimento da Produção Agrícola

PERÍODOS	NORDESTE				BRASIL			
	Geral	Industrializáveis	Alimentos	Exportáveis	Ger.	Indust.	Alim.	Export.
35-44	1,4	-2,0*	5,9	1,6*	1,5	4,7	3,0	-6,0
45-54	2,6*	1,6*	3,2	4,8	3,7	3,5	3,9	2,6
55-64	6,1	6,7	7,1	1,2	6,0	7,1	5,5	2,8*

Fonte: A resposta da produção agrícola aos preços no Brasil, A. C. Pastore, São Paulo, 1968.

Observação: o asterisco (*) indica que a taxa não difere de zero ao nível de 5%.

Entretanto, este auspicioso resultado não é suficiente, uma vez que dentro da estratégia elaborada caberá ainda à agricultura modernizar-se, aqui entendido como um conjunto de alterações na utilização da terra, na qualidade dos fatores e no nível de conhecimentos que permitam uma elevação substancial e contínua no tempo, na produtividade da terra e mão-de-obra[9]. A elevação da produtividade teria como efeito tornar cada vez mais rentáveis as inversões em métodos ainda mais modernos, auto-alimentando o processo, ao mesmo tempo em que os níveis de rendimento *per capita* maiores significariam demanda de produtos industriais. O setor primário perderia o seu caráter de subsistência para ingressar numa fase onde a maior racionalidade do processo consubstanciaria na agricultura comercial, condição fundamental para o crescimento equilibrado de uma região[10]. Ainda como efeito colateral é fundamental observar que, neste processo, a produção de alimentos poderia crescer sem exercer pressões intensas sobre os preços e os salários na indústria nascente do setor urbano. Tal não parece ter sido a realidade, a produtividade física da agricultura nordestina, reconhecidamente baixa em relação às zonas mais adiantadas da região Centro-Sul, permanece modesta nos últimos anos, como atestam os números abaixo (a única exceção

Relação Produção/Área para alguns produtos na região Nordeste do Brasil (t/ha)

PRODUTOS	59-61	66-68
algodão	0,3460	0,2843
arroz	0,1387	1,3198
batata inglêsa	3,8003	2,6661
cacau	0,3543	0,3851
cana	40,8885	43,9786
cebola	5,5913	4,7035
feijão	0,5463	0,5568
fumo	0,6642	0,7676
mandioca	11,0115	12,1565
milho	0,7720	0,7906

Fonte: Anuário Estatístico do Brasil

(9) A respeito do conceito de agricultura moderna e tradicional ver *Transforming traditional agriculture*, T. W. Schultz.

(10) Rannis e Fei apresentam em *A Theory of Economic Development* uma explanação teórica deste processo.

importante é o arroz, cuja produtividade cresceu substancialmente; tal fato parece ser o resultado da expansão da produção no Maranhão, onde a fertilidade natural da terra é bem superior à das zonas antigas). Deve-se notar, entretanto, que vários depoimentos de técnicos atestam que as práticas de cultivo não são melhores que as das antigas regiões (IV).

A alta taxa de crescimento da produção física da agricultura e a persistência de baixos níveis de produtividade refletem uma expansão apenas extensiva. De fato, dos dados disponíveis pode-se concluir que a expansão na produção se faz apenas pela agregação de novos contingentes de mão-de-obra, de terra, dentro dos padrões tradicionais de cultivo. Como a fertilidade natural das terras nordestinas é baixa, o resultado só pode ser uma agricultura de baixo padrão e pobre.

Os dados abaixo, extraídos do Estudo Anpes nº 5, Agricultura e Desenvolvimento Econômico, expressam bem a situação.

Decomposição das Taxas de Crescimento da Produção Agrícola

CAUSAS	CENTRO-SUL	NORDESTE
aumento da produção por área [11]	3,9	0,3
aumento da relação área-homem [12]	1,0	0,2
aumento da mão-de-obra	2,6	4,4
soma	7,5	4,9
taxa efetiva	7,7	4,9

Como se observa, enquanto o Centro-Sul tem uma expansão que se caracteriza pela modernização, a região Nordeste cresce apenas em extensão, com um duplo efeito negativo sobre o setor urbano: de um lado, não se eleva a demanda de tratores e equipamentos mecânicos (relação área/homem constante), de adubos e inseticidas (produção por área constante). Por outro lado, com a produtividade estagnada, não cresce a remuneração dos fatores e com eles a demanda de bens

(11) Esta relação reflete o efeito da fertilidade natural das terras novas e o efeito de práticas modernas, especialmente adubação, uso de sementes selecionadas, inseticidas etc.
(12) Reflete o efeito da mecanização.

industriais de consumo. Fica assim bloqueado um dos fluxos fundamentais do modelo: o setor agrícola como mercado de bens industriais.

O segundo fluxo importante a considerar é a produção de alimentos. Já vimos que a produção se expandiu a taxas bastante elevadas; resta saber se, apesar de alto, o crescimento foi suficiente, no sentido de não causar, por excesso de demanda, alta de preços e pressão sobre o nível de salários.

A forma mais direta e perfeita seria a comparação entre um índice de custo de alimentação (regional) e um índice geral de preços, também para a região. Todavia, nenhuma destas informações é disponível, de forma que é necessário recorrer a outras fontes.

Uma precisa indicação nos é fornecida por A.C. Pastore, que calculou uma série de preços pagos aos produtores por produtos de alimentação, na região Centro-Sul. Nesta região, a demanda de alimentos parece ter sido adequadamente atendida nos últimos vinte anos, como demonstram vários trabalhos, inclusive o já citado Agricultura e Desenvolvimento Econômico. O que se observa (dados abaixo) é que, até 1958, o índice nor-

Preço pago aos produtos

ANOS	NORDESTE	CENTRO-SUL
1945	43,3	53,1
1946	57,1	54,0
1947	62,5	67,3
1948	68,5	77,5
1949	73,0	85,8
1950	95,0	100,0
1951	129,8	106,3
1952	133,8	130,5
1953	146,8	197,3
1954	167,8	198,3
1955	187,5	234,1
1956	219,4	265,4
1957	257,4	292,8
1958	363,2	298,2
1959	450,2	411,6
1960	571,5	515,1
1961	780,0	625,2
1962	1515,9	1114,7
1963	2100,8	1768,7
1964	3925,2	3325,7

Fonte: A resposta da produção agrícola aos preços no Brasil

destino que sempre andou abaixo do sulino se eleva e até a última observação permanece mais alto, o que poderia significar uma escassez relativa de alimentos.

É bastante curioso observar que em 1951 devido à seca, o custo dos alimentos (ao nível do produtor) eleva-se no Nordeste, em relação ao Centro-Sul. Entretanto, já em 1953 a situação se normalizou, voltando ao padrão anterior. Entretanto, após a seca de 1958 o índice nordestino se eleva e mantém-se relativamente mais alto até o fim da série. Uma explicação possível é que, ao contrário de 1951, havia após 58 uma demanda bastante dinâmica, resultante do trabalho da SUDENE no setor urbano[13], que o setor agrícola não conseguia satisfazer totalmente.

Um último teste pode ser efetuado: trata-se de comparar as taxas de crescimento da demanda e da oferta de alimentos[14], considerando-se apenas o setor urbano; isto prende-se ao fato de que é nas cidades que se localiza o problema mais sério, como reconheceu o GTDN em seu relatório[15]. Mais ainda, o desenvolvimento das atividades industriais e comerciais eleva a taxa de urbanização, a renda local e torna a demanda extremamente dinâmica.

A indicação de existência ou não de pressão da demanda de alimentos pode ser observada através da comparação entre as taxas de crescimento da oferta e da demanda. A taxa de crescimento da demanda é expressa pela fórmula: $\triangle D/D = n + ny \dfrac{\triangle Y/N}{Y/N}$

onde $\triangle D/D$: taxa de crescimento da demanda

n: taxa de crescimento da população urbana

ny: coeficiente de elasticidade-renda da demanda de alimentos

$\dfrac{\triangle Y/N}{Y/N}$ taxa de crescimento da renda *per capita* na zona urbana

(13) Deve ser observado que nem todas as atividades mencionadas pertenciam à SUDENE. Estamos aqui utilizando o nome da entidade como símbolo do novo enfoque da atuação governamental, descrito nesta seção.

(14) Veja-se Agricultura e Desenvolvimento Econômico, já citado.

(15) Estudo recente da SUDENE mostra que, ainda hoje, 85% do total do orçamento familiar médio é composto de alimentos.

Na ausência de dados sobre a oferta, utiliza-se a taxa de crescimento da produção como aproximação, na hipótese de que, no período considerado, produção e oferta caminharam paralelamente (a hipótese é bastante razoável, uma vez que a infra-estrutura só tendeu a melhorar, o que diminuiria as perdas na comercialização e tornaria a taxa de crescimento da produção, o limite inferior do verdadeiro crescimento da oferta).

Os dados estimados forneceram as seguintes cifras:

$n = 4,9\%$ (58/60)
$ny = 0,6$ a $0,8$
$$\frac{\triangle Y/N}{Y/N} = 6,5\% \text{ a.a. } (55/66)$$
$\triangle S/S = 7,1\%$ a.a. (55/64)

Com estes valores pode-se construir uma tabela onde, para cada valor da elasticidade-renda, se tem a taxa estimada de crescimento da demanda.

ny Y/N	0,6	0,7	0,8	$\triangle S/S$
6,5	8,8	9,4	10,1	7,1

Os resultados obtidos parecem indicar que, apesar da elevada taxa de crescimento da oferta observada, esta não foi suficiente para fazer frente ao dinamismo da demanda de alimentos no setor urbano. Por esta razão, deve ter havido uma forte pressão sobre a taxa de salários nas cidades, o que, conforme discutiremos adiante, pode ter adicionado um fator importante na opção por técnicas mais capital intensivas no setor industrial. Por outro lado, dada a estrutura de comercialização oligopolizada, boa parte da alta de preços pode ter sido absorvida pelo comércio, reduzindo em parte o estímulo para expansão ainda maior no setor de produção.

Em conclusão, pode-se dizer que o setor primário, durante a atuação da SUDENE, apresentou as seguintes características:

a). a produção cresceu a taxas elevadas;

b) o crescimento foi apenas extensivo, uma vez que a produtividade praticamente não cresceu;

c) como conseqüência o setor primário não se tornou mercado para os produtos industriais;

d) existem algumas evidências que a produção de alimentos, apesar de expandir-se a taxas elevadas, foi insuficiente para atender à demanda, o que deve ter provocado pressão nos preços e nos salários.

Aceitas estas conclusões, cabe buscar o porquê das deficiências observadas. É esta tarefa extremamente difícil que, entretanto, pode ser tentada com o auxílio dos depoimentos de vários técnicos que estudaram o problema de região (veja-se, por exemplo, [IX]).

Em linhas gerais pode-se agrupar os problemas enfren' dos pela política agrícola em três faixas:

a) a natural complexidade dos programas deste tipo derivados do fato de que projetos de pesquisa, quer de recursos, quer de novas variedades são necessariamente de longo prazo. Acresce a isto o fato que as dotações orçamentárias consignadas ao setor nos primeiros Planos Diretores foram sempre modestas, a que limita ainda mais sua eficiência;

b) problemas de ordem administrativa: são os programas agrícolas que talvez exijam maior coordenação administrativa: um projeto de colonização exige desde obras de infra-estrutura até orientação e extensão rural, passando por ofertas de fatores, crédito etc. Como a SUDENE não dispõe de comando efetivo de todos os organismos participantes do setor, a dispersão de esforços e a descoordenação parecem ter sido, sem dúvida, um dos pontos importantes na explicação das deficiências apontadas

c) problemas políticos: são talvez os mais importantes, mais debatidos e menos solucionados. Os obstáculos desta natureza destacam-se especialmente em três pontos: a estrutura deficiente da propriedade, o problema de irrigação e o problema da cana. O primeiro ponto já foi por demais debatido, restando dizer apenas que quase nada foi encaminhado em termos de solução. No que se refere à irrigação, a situação é quase a mesma: a relação canais/água represada é uma das menores do mundo, o que restringe à pequenina parcela de terra o acesso aos açudes, construídos ao longo de quase um século de atividade governamental.

Finalmente com respeito à cana vale ainda o diagnóstico realizado na década passada pelo GTDN: é uma atividade que se sustenta por alta taxa de subsídio governamental (e a custos sociais elevados) ao mesmo tempo que ocupa a faixa de terreno mais fértil da região. Vale dizer que no caso da cana pelo menos uma tentativa mais ampla foi efetuada: a criação do GERAN (Grupo Executivo de Racionalização da Agroindústria do Nordeste) com a finalidade de melhorar o desempenho do sistema. Entretanto, a experiência, até o momento, parece frustrada, segundo o depoimento de Tamer [IV].

Para finalizar a análise do setor agrícola, deve-se fazer apenas uma observação: a própria SUDENE reconhece hoje que a agricultura foi por demais relegada a segundo plano e propõe-se a corrigir o erro voltando, em grande parte, às linhas gerais do Relatório Furtado. A factibilidade da proposição vai depender, sem dúvida, do teste político.

4.3 *Infra-estrutura e recursos humanos*

A atividade governamental sobre a infra-estrutura foi bastante intensa, especialmente no campo da energia e transportes. Embora as metas físicas estabelecidas nos três primeiros Planos Diretores não fossem totalmente atingidas, pode-se dizer com tranqüilidade que os objetivos foram, em larga medida, atingidos.

Por outro lado, com relação aos recursos humanos, escreveu o IV Plano Diretor: "O exame do comportamento do setor público no campo dos recursos humanos mostra que não foi devidamente desenvolvida uma ação efetiva no mesmo ...". Em termos do modelo exposto, a conseqüência mais séria se refere ao preparo da mão-de-obra: sem a melhoria na qualidade do trabalhador rural torna-se bastante difícil a modernização da agricultura; muito mais séria, entretanto, é a conseqüência sobre o setor industrial: sem o adequado montante de treinamento, a oferta de mão-de-obra qualificada se contrai (observe-se que a demanda por parte da indústria é de mão-de-obra treinada; os programas de treinamento na função suprem apenas parte das necessidades), os preços relativos do trabalho sobem em relação ao capital e adiciona-se mais um componente favorável às técnicas capital-intensivas. Vale dizer, entretanto, que o IV Plano procurou dar muita ênfase a este setor, o que poderá melhorar as condições dos recursos humanos na área.

4.4 *O setor industrial*

Do exposto anteriormente, pode-se inferir as duas características importantes do desempenho do setor industrial, além, é claro, da observação de que o crescimento da indústria se deu a altas taxas. Em primeiro lugar, o desempenho do modelo gerou, e só poderia gerar, fortes estímulos para a escolha de técnicas capital-intensivas. Estes estímulos foram de três ordens: em primeiro lugar, os subsídios dados ao capital, quer decorrentes de créditos oficiais, quer decorrentes dos mecanismos de estímulos fiscais (em alguns casos, do total de capital empregado num projeto, menos de 20% deveria ser constituído de recursos próprios). Além disso, o problema dos alimentos deve ter gerado pressões sobre a taxa de salários, ao mesmo tempo em que a deficiência de mão-de-obra qualificada se fazia sentir. O resultado deste fator é a reversão dos preços relativos em favor do capital, o que leva às citadas técnicas. Como conseqüência maior resultam dificuldades no atendimento da meta de elevação do emprego, o que vai ser analisado na próxima seção.

Por outro lado, os fatores acima citados fizeram com que o setor secundário não se integrasse na estrutura local, como era de esperar: fracassando a agricultura como mercado para a indústria, esta não teve alternativa senão se lançar no mercado sulino. A produção de bens com capital externo à área (Centro-Sul), destinados a mercados fora da mesma área, gerou um sistema no qual a indústria se coloca muito mais como um apêndice da economia sulina do que um setor da economia nordestina[15]. A conseqüência básica do fato é a redução do multiplicador de renda (na área) e a

---

(15) Esta configuração é, a nosso ver, muito semelhante à análise de H. W. Singer, em seu artigo "The Distribution of Gaines Between Investing and Borrowing Countries".

diminuição do poder da indústria no "motor de crescimento" (na área).

4.5 O problema do emprego

Considerando-se os fatores anteriormente expostos que levaram a industrialização nordestina a optar por plantas de elevada densidade de capital, considerando-se a redução no emprego gerado pelo setor têxtil (dados os projetos de reequipamento) e a possível redução no emprego do setor artesanal e pesqueiro, conclui-se, ao lado dos poucos dados disponíveis sobre o desemprego urbano, que o setor secundário não conseguiu responder à solicitação de grande absorvedor do excedente de mão-de-obra que a SUDENE pretendia [IV, apêndice]. Acresce a isto o fato de que no período 62-67, a estagnação da economia sulina deve ter reduzido de forma importante a migração para as zonas mais industrializadas, comprometendo ainda mais o problema do emprego.

Por outro lado, o fracasso dos programas de colonização (Maranhão) e a pequena extensão alcançada pelos projetos de imigração comprometem também a meta de emprego no setor rural. Acrescem-se a isto os efeitos negativos, sobre o emprego, das melhorias eventuais na tecnologia do cultivo da cana e o fato que os projetos agrícolas, que se suportam nos estímulos fiscais, utilizaram técnicas bem modernas ou poupadoras de mão-de-obra (caso da pecuária).

Em conclusão, a realidade parece sustentar a afirmação de que, dadas as características assumidas pelo processo do crescimento nordestino, uma das metas básicas — a redução do desemprego — se viu seriamente comprometida.

5. CONCLUSÕES

De maneira geral, o trabalho da SUDENE pode ser considerado como positivo, quando não por dois aspectos: em primeiro lugar tornou irreversível a adoção do planejamento como a forma válida de se encaminhar a solução dos desequilíbrios regionais. Ao lado disso, a renda da área cresceu a taxas bastante elevadas, maiores inclusive que a média do País, de tal forma que a desigualdade com o Centro-Sul diminuiu.

A colocação do trabalho da SUDENE no contexto histórico em que foi iniciado deixa claro uma característica que vai marcar o seu trabalho: a urgência. De fato, as pressões geradas na época foram suficientemente fortes para vencer os obstáculos à implantação do planejamento, ao mesmo tempo em que exigiam-se resultados a curto prazo, razão básica, nos parece, para explicar o comportamento da SUDENE.

Entretanto, parece que a urgência requerida de um lado, e as dificuldades encontradas (políticas, técnicas, institucionais etc.) geraram uma solução de compromisso, dentro da qual foi possível adicionar ao quadro inicial da região novas atividades (infra-estrutura e indústria principalmente), sem que se modificasse a ordenação interna dos setores "tradicionais", especialmente o setor agrícola. Esta solução parece, com as devidas qualificações, bem parecida com a adotada no Governo Juscelino, onde a estratégia básica consistia no estímulo à industrialização substitutiva de importações, sem quaisquer medidas destinadas à alteração no desempenho do setor primário[16].

Como conseqüência, o modelo que era, por sua própria natureza, simultâneo deixa de ser atingido e nestas condições, a única perspectiva possível, nos parece, é tentar completar a estratégia proposta inicialmente. O IV Plano Diretor reconhece estes aspectos explicitantes e se propõe a corrigi-los, apresentando pela primeira vez uma previsão de dispêndios onde a agricultura e os recursos humanos são agraciados com mais de 50% do total dos recursos. Isto é bastante animador, mas não pode esconder o problema básico: o modêlo só será completado se se tiver presente que, na medida em que se deseja realizar modificações estruturais, é indispensável um engajamento mais amplo das partes interessadas, especialmente o setor público.

(16) É irrelevante, aqui, saber se a oferta agrícola é ou não elástica com relação aos preços, uma vez que o problema não era sequer colocado; havia sim, como contrapartida de apoio político, um compromisso de não atuar sobre a "estrutura agrária". A elasticidade da oferta agrícola, ainda que não reconhecida na época, de fato parece ter sido um fator relevante no crescimento observado no período. Com relação ao Nordeste, é bastante claro que isto não é inteiramente válido, pelo menos para o caso da cana, atividade sustentada por alta taxa de subsídio governamental.

BIBLIOGRAFIA

I. *O Planejamento Estadual no Brasil* — Centro de Desenvolvimento CEPAL/BNDE, 1965.

II. *Journey Towards Progress* — Albert O. Hirschman — Twentieth Century Fund.

III. *Desenvolvimento Econômico Regional* — S. Robock — Editora Fundo de Cultura.

IV. *O Mesmo Nordeste* — Alberto Tamer — Herder.

V. Nordeste: Até Quando — Alberto Tamer — APEC.

VI. SUDENE: Planos Diretores.

VII. Governo do Estado de São Paulo: I e II Planos Diretores, Plano de Desenvolvimento Integrado (PLADI).

VIII. *Estratégia do Desenvolvimento Econômico* — Albert O. Hirschman — Editora Fundo de Cultura.

IX. Relatório sobre uma Missão ao Nordeste do Brasil — Gabriele Pescatore e Raanan Weitz — SUDENE.

X. *A Resposta da Produção Agrícola aos Preços no Brasil* Affonso Celso Pastore — São Paulo, 1969.

ASPECTOS DO PLANEJAMENTO TERRITORIAL URBANO NO BRASIL

Roberto Loeb

Importância do planejamento territorial urbano — seus condicionantes

A tendência à urbanização é fenômeno universal. A industrialização, ligada a uma pressão demográfica crescente e à falta de condições para fixação em áreas rurais, tem levado a uma ocupação de solo urbano quase sempre espontânea e sem controle. Verifica-se, via de regra, uma ocupação com características predominantemente radioconcêntricas onde os setores mais bem servidos e densos são os centrais, ficando a periferia como cinturão de abordagem para as populações rurais recém-chegadas às cidades.

Graças a essa configuração, que se torna mais evidente à medida que o centro urbano cresce em importância econômica e portanto em força polarizadora, é justamente na periferia que se verificam as taxas mais baixas de investimentos em termos de serviços e estrutura urbana.

Cria-se assim um círculo fechado de investimentos nos núcleos centrais das áreas urbanas, nas quais estão concentrados os maiores proprietários e portanto os maiores benefícios. Desta forma, qualquer plano de reformulação da ocupação do solo urbano fica desde logo sujeito a uma forte pressão econômica e política por parte dos interesses dos grandes proprietários, o que mais uma vez provoca a canalização de recursos e benefícios para as áreas centrais, tornando organizado e crônico um processo que evidentemente deveria ser corrigido. Só quando a concentração urbana se torna excessiva, a ponto de tornar a circulação no centro quase impossível, e muito alto o nível de investimentos para a viabilidade de sua ocupação, é que se pode verificar um deslocamento desse centro para áreas ainda não tão valorizadas, mas que deverão sofrer o mesmo processo circular.

Dificilmente os governos em países subdesenvolvidos podem preparar uma estrutura adequada para receber esse crescimento, pois não têm possibilidade, pelo menos a curto prazo, de obter financiamento para os serviços públicos municipais. Como a renda dos habitantes desses países é geralmente baixa, também é reduzida sua capacidade de pagar impostos (Hoselitz). Trata-se portanto de implantar um sistema racional de planejamento com o objetivo de relacionar intimamente crescimento econômico com crescimento urbano, num sistema de planejamento integrado que possibilite uma hierarquização na aplicação e canalização de recursos dentro de uma mesma visão global de desenvolvimento. No entanto, a viabilidade de tal sistema só existe a partir de uma infra-estrutura política que torna coerentes as decisões tomadas ao nível técnico. Assim só é possível abordar os problemas referentes ao planejamento físico quando o mesmo está contido numa visão integral de planejamento global.

"O planejamento físico deve ser compreendido como uma missão particular do planejamento integral, e não como um sistema independente, na medida em que toda ação concreta dos homens e da sociedade modifica o espaço habitado" (X Congresso da UIA, Encontro dos Urbanistas, outubro de 1969).

Da mesma forma, o planejamento físico deve estar integrado numa visão que defina níveis de atuação nacional, regional ou local, mantendo a possibilidade de coerência do sistema. Cada cidade, cada região constitui com todos os seus componentes um sistema complexo de variáveis interdependentes, cuja manipulação exige uma apreciável coordenação técnica (política, administrativa, social e econômica) sob pena de perda da possibilidade de atuação sobre esse sistema. Assim a implantação de determinada política de concentração industrial, a abertura de determinada estrada, ou a criação de um novo imposto podem influir sensivelmente numa dada distribuição espacial, deslocando centros de polarização e criando novos elementos de crescimento. A possibilidade de manipulação de todas essas variáveis torna-se assim possível apenas a partir da formação de equipes de trabalho interdisciplinar nas quais a visão de planejamento integral predomine, em oposição à prática do planejamento setorial para a solução de problemas interdependentes.

Colocam-se, portanto, ao nível técnico e político, problemas que envolvem uma série de decisões e definições básicas. Como enfrentar de forma integrada o crescimento urbano extraordinário que se verifica? Quais as causas desse crescimento e como se poderia equilibrá-lo? Como compatibilizar os aspectos econômicos, administrativos, políticos, sociais e físicos dentro de um mesmo sistema de crescimento? De que forma cada um desses aspectos atua sobre os outros e quais os condicionantes dessa inter-relação? Qual a posição do Governo diante desse crescimento? De que forma nosso governo deve enfrentar o problema da formação profissional?

Profissionais formados em escolas com orientação nitidamente setorial vêem-se diante de uma experiência que força a reavaliação de toda uma forma de trabalho, de toda uma forma de ação.

A necessidade de formação de equipes interdisciplinares de trabalho vem provocar, portanto, um debate que se torna inadiável; a reformulação do ensino, em função duma visão integrada, humana de nosso desenvolvimento e do tipo de homens de que ele necessita. Assim, nosso país deveria preparar elementos capazes de abordar e dimensionar os probleblemas do próprio subdesenvolvimento. Até hoje, nossas escolas, apesar da inegável contribuição conferida ao crescimento do País, têm formado uma elite de profissionais cujos conhecimentos, preparo e grau de informação tendem a criar um núcleo compacto, cujo nível se aproxima bastante daquele que caracteriza profissionais educados em países desenvolvidos. No entanto, e é aí que o problema se torna mais sério, esse pequeno núcleo de profissionais é levado, por força de circunstâncias, a atuar dentro de quadros e modelos que de maneira alguma podem ser os mesmos. A realidade de nossos problemas deve conferir, assim, aos aspectos da formação profissional, uma escala mais ajustada e menos defasada de nossos conhecimentos. Dessa forma todo *know-how* estrangeiro absorvido deverá contribuir para o nosso desenvolvimento e cultura sem que com isso venhamos a perder nossas possibilidades de decisão e atuação política.

Quanto aos aspectos físicos do planejamento, o preparo das estruturas urbanas de novas cidades e a correção das estruturas de cidades existentes de forma a poderem receber o crescimento atual são problemas a serem enfrentados seriamente em nível governamental. Assim, a tendência à formação de extensas áreas urbanizadas, através de crescimento de núcleos isolados que passaram a formar uma só área edificada, levaram ao aparecimento das regiões metropolitanas, colocando à nossa frente mais uma série de problemas de inter-relacionamento, polarização, distribuição de serviços e administração, entre outros.

A abordagem dos problemas já tem sido feita em várias oportunidades e níveis, e as informações acumuladas permitem, preliminarmente, a elaboração de uma metodologia básica.

Cristopher Alexander, no artigo "A city is not a tree", publicado pela primeira vez na *Architectural Forum* (números de abril e maio de 65), estabelece uma série de conceitos fundamentais para a compreensão do fenômeno urbano, através de análise comparativa entre cidades naturais (formadas mais ou menos espontâneamente ao longo dos anos) e cidades "artificiais" (cidades ou partes de cidades criadas expressamente pelos *designers* e urbanistas). Assim, discute-se fundamentalmente em "A city is not a tree" a validade da cidade artificial, com uma estrutura urbana demasiadamente hierarquizada e portanto fechada: onde todos os esquemas de inter-relação são previamente estabelecidos no projeto. Cria-se dessa forma uma estrutura estanque e compartimentada, que só permite um fluxo demasiadamente definido de comunicação e crescimento. Cristopher Alexander não nega a necessidade de uma atuação planejada ao nível da criação ou correção de determinada estrutura urbana. A preocupação coloca-se muito mais no sentido da criação de uma estrutura urbana semelhante à das cidades naturais, que possa aceitar de forma planejada um sistema intensamente complexo de crescimento e inter-relacionamento.

Uma tentativa bastante importante de sistematização desse pensamento foi elaborada em 1966 por Colin Buchanan and Partners (London — HMSO — 1966) por ocasião da elaboração do "South Hampshire Study". Buchanan coloca de forma inteiramente nova o problema das funções urbanas da sua interdependência e relacionamento procurando por um caminho analítico o estabelecimento de uma estrutura urbana "aberta", propícia ao desenvolvimento e crescimento da área edificada.

Assim, o plano como tal só pode existir dentro de um sistema dinâmico e aberto. Daí a importância da criação de uma metodologia adequada dentro da qual o plano representa apenas um dado momento numa seqüência global de mudanças e informações que alimentam o conjunto e provocam sua reavaliação. Para a viabilidade de tal metodologia coloca-se cada vez mais a importância do papel exercido pelo poder político. As opções no campo político são fundamentais para qualquer orientação técnica do campo do planejamento.

Hélio Jaguaribe, no seu trabalho *Desenvolvimento Econômico e Organização Política*, diz que "De todas as circunstâncias externas ao plano de que depende sua vigência, as mais relevantes são as políticas, no sentido amplo do termo, sendo também estas as que mais facilmente se alteram. Quanto mais subdesenvolvida uma comunidade, mais necessitada se acha de programar seu desenvolvimento e mais sujeita a que se alterem as circunstâncias políticas de que depende a vigência do plano".

Planejamento urbano no Brasil

"Os portugueses estabeleceram no Brasil, quase intato, o mundo que haviam criado na Europa. A melhor comprovação oferece a cidade da Bahia em si mesma. Em quase 215 anos de 1549 a 1763, durante os quais gozou do privilégio de ser a primeira metrópole lusitana no Novo Mundo, tornou-se a Bahia uma réplica fidelíssima de Lisboa e do Porto, as duas maiores cidades de Portugal." (*Arquitetura Colonial*, por Robert C. Smith.)

Assim, a contribuição dos portugueses em termos de ocupação e organização espacial do solo urbano nas colônias revestiu-se de características dominantemente espontâneas, contendo nas suas soluções aparentemente caóticas uma lógica e uma racionalidade que se refletem na nossa arquitetura colonial e criaram uma tradição que inegavelmente enriquece nossa arquitetura contemporânea.

As cidades nascidas durante a Colonização Portuguesa, "cresceram pela vinculação gradual de núcleos isolados, formados pela fundação individual e arbitrária de capelas, casas ou mercados. A posição destes edifícios ditava as trajetórias irregulares seguidas pelas ruas que os uniam". (Robert Smith, *Arquitetura Colonial*.)

Caracteriza-se assim o processo de formação da estrutura urbana básica das cidades brasileiras, que deveriam receber o grande surto de crescimento ocorrido contemporaneamente. Tal característica é a mesma que preside o crescimento atual de nossos centros urbanos, resguardadas as devidas proporções.

Orientação inteiramente oposta é a da colonização espanhola, que se caracterizou principalmente pelo "esforço determinado de vencer e ratificar a fantasia caprichosa da paisagem agreste: é um ato definido da vontade humana". (Sérgio Buarque de Holanda, *Raízes do Brasil*, "O Semeador e o Ladrilhador".)

As *Ordenanzas de Descubrimiento Nuevo y Población* de 1563 constituíram-se como o documento básico para orientação da ocupação espacial do solo urbano nas colônias espanholas.

Outra característica que viria a influenciar decisivamente na localização das cidades brasileiras, prende-se ao fato de os portugueses criarem todas as dificuldades à penetração do interior. A necessidade de consolidar a ocupação do extenso território conquistado impediu, assim, o despovoamento das terras do litoral, primeiro ponto de abordagem de corsários e invasores. Decisão de caráter eminentemente político, a predominância da localização das cidades coloniais junto ao litoral passou a caracterizar uma rede de ligações que serviriam de base ao crescimento verificado ulteriormente e atrasando consideravelmente a ocupação efetiva das terras do interior.

Só recentemente, com a criação de Brasília e a abertura da Belém-Brasília, é que realmente se efetivaram os primeiros passos para a ocupação clara do centro do nosso território, o que reflete uma posição eminentemente política. Até então, os maiores investimentos só se faziam nas cidades junto, ou próximas à faixa litorânea, pois justamente nesta faixa é que se localizavam as maiores forças e interesses econômicos. Não obstante, o crescimento da maioria das cidades brasileiras sempre ocorreu graças a surtos periódicos de crescimento e de curta duração, onde a predominância básica, de fundo, sempre foi a economia de subsistência. O caso mais característico de crescimento urbano associado a crescimento econômico é o da cidade de São Paulo. Nela é que se verificou a viabilidade de uma expansão contínua, praticamente sem interrupção, onde a industrialização encontrava uma infra-estrutura já preparada pelo ciclo de cultura do café. Em meados do século XIX, começa um processo espantoso de desenvolvimento não planejado e "espontâneo". Até então São Paulo nada mais é do que um entreposto comercial ligado a uma economia agrícola de subsistência da região. Em 1860, 46% da população do município de São Paulo ainda vivia na área rural e é provável que grande parte da população residente na zona propriamente urbana ainda se dedicasse a atividades agrícolas. As principais estradas da província convergiam a São Paulo graças às correntes de circulação dos produtos de exportação, em demanda ao porto de Santos. "Os equipamentos surgidos para servir à circulação chegaram a constituir um dos elementos mais importantes dos arredores paulistanos" (Juergen Richard Langenbuch), elementos êsses que vieram originar alguns arrabaldes e aglomerados paulistanos. Verifica-se desde então a importância do papel polarizador de São Paulo, na formação de seus arredores.

"A partir dos fins do século XVIII e começo do século XIX, a agricultura do interior paulista perde parcialmente seu caráter de subsistência, exportando modestamente açúcar, o que provocou a expansão da vida comercial da cidade atraindo numerosos senhores de engenho que se fixaram na cidade, gastando ali parte do seu excedente comercializado, o que certamente contribuía para o crescimento do setor terciário (de serviços) da economia urbana" (Paulo Singer). A cultura do café iniciada no começo do século XIX em São Paulo apenas mais tarde é que se refletirá no crescimento da cidade de São Paulo, uma vez que até então o escoamento do produto se dá principalmente pelo Rio de Janeiro. Quando, a partir de 1868, começa a funcionar a ligação ferroviária São Paulo-Santos, verifica-se a grande expansão da cafeicultura em São Paulo, o que leva Santos em 1886 a escoar tôda a produção paulista. Neste período verifica-se um grande surto de crescimento da cidade com a anexação do "cinturão das chácaras" que circundam a zona propriamente urbana da cidade. A partir de 1890, a hegemonia de São Paulo sobre a produção cafeeira é indiscutível. Entre 1890 e 1900 São Paulo atravessa um surto de crescimento demográfico impressionante resultando em extensa ocupação do solo.

O aparecimento da ferrovia traz como conseqüência imediata o colapso do antigo sistema de transporte e das atividades relacionadas, com valorização concomitante das novas áreas servidas. Inicia-se então o crescimento da cidade através dos "povoados estação" e estagnação daqueles afastados da linha. "Foi devido ao café que se constituiu em São Paulo uma rêde ferroviária relativamente densa, que coloca a capital em íntima conexão com uma região bem ampla que lhe pode servir de mercado potencial" (Paulo Singer).

Concluindo, podemos considerar que o surto cafeeiro provocou a criação de uma infra-estrutura propícia à implantação da indústria, fator econômico predominante na ocupação extraordinária do solo urbano da cidade de São Paulo. O crescimento da cidade desenvolve-se nos mesmos moldes já consagrados, isto é, desdobramento do espaço urbano através de bairros e loteamentos territorialmente isolados do centro da cidade pròpriamente dita, que exerce forte atração (sistema radioconcêntrico). Nenhum plano geral se estabelece e a ocupação é apenas moldada por circunstâncias de ordem econômica, orientada principalmente pelo traçado das ferrovias. A cultura do café exige a imobilização de grandes capitais do que resulta uma intensa procura de dinheiro. Localizam-se então em São Paulo inúmeros estabelecimentos bancários que vêm fazer parte da infra-estrutura do futuro desenvolvimento industrial de São Paulo. A abolição da escravatura, bem como a vinda de artesãos e operários estrangeiros inicialmente para trabalhar nas fazendas de café, vêm criar em São Paulo um importante mercado de trabalho. A criação dos serviços públicos, de energia elétrica foi também fator infra-estrutural importantíssimo para essa mesma industrialização.

Do ponto de vista de ocupação urbana da cidade verifica-se que o "espaço delimitado externamente pelos antigos bairros isolados tende a se compactar através dos loteamentos que surgem entre eles e o núcleo já compacto da cidade" (Juergen Richard Langenbuch). Santo André e São Caetano constituem, então, a mais importante área suburbana de São Paulo.

São Paulo registra, portanto, o caso mais típico de crescimento urbano das cidades brasileiras. Sem nenhum planejamento, com um crescimento completamente espontâneo, já é em 1930 uma cidade com população de cerca de 900.000 habitantes, área edificada de 1.380 km² e densidade de 65 habitantes por hectare. E é só em 1930 que aparece o *Estudo de um plano para a cidade de São Paulo* por Francisco Prestes Maia, na administração Pires do Rio, tratando "simplesmente do estudo de um plano de avenidas para complementar o sistema de viação da cidade de São Paulo". Esse foi também o plano que serviu de base para as obras da Administração Faria Lima.

Pode-se observar que, à medida que a cidade de São Paulo cresce, vão surgindo um série de estudos de caráter físico, que procuram corrigir deformações desse crescimento, mas que, precisamente por sua orientação setorial e não integrada, ficam na maior parte das vezes na fase de estudos, sem viabilidade de realização.

Quadro 1

Período	Número de estudos (planos)
até 1930	1 (um)
1930-56	0 (zero)
1957-63	6 (seis)
1966-68	10 (dez)

Fonte: Caracterização Preliminar da Região da Grande São Paulo — GEGRAN — 1968.

Em 29 de março de 1967, através do decreto nº 47.863, é criado o Conselho de Desenvolvimento da Grande São Paulo e o Grupo Executivo da Grande São Paulo, uma vez que "a área metropolitana de São Paulo constitui importante pólo de desenvolvimento do País" e 40% da população do Estado se encontra na "Grande São Paulo".

A elaboração do "plano metropolitano", atualmente a cargo de um consórcio de firmas de planejamento, tem enfrentado diversos problemas. A criação de uma "Entidade Metropolitana" para coordenação global da Grande São Paulo, apesar de todas as razões técnicas favoráveis à sua formação, ainda não se encontra resolvida graças aos interesses e forças políticas envolvidas na questão. Da mesma forma, a contratação do "Plano Urbanístico Básico" em 1968 pela Prefeitura de São Paulo criou uma série de impasses, que vão desde a viabilidade política e administrativa de seu uso em nível municipal, até aos problemas de compatibilização ao nível metropolitano, uma vez que São Paulo é o maior integrante da Grande São Paulo.

Dos estudos contratados, o único de característica setorial, e que por isso mesmo se encontra em fase de execução, é o do metrô de São Paulo, atualmente construindo a linha Leste-Oeste que liga Santana ao Jabaquara. No entanto, dos problemas fundamentais a serem resolvidos nas cidades brasileiras, os básicos são ainda os da água e esgotos. O "Report on Sewage Disposal" elaborado pela firma Hazen anda Sawyer Engineers (Convênio DAE-USAID), em 1967, aponta, entre outros pontos, que menos de 65% da população metropolitana de São Paulo é servida pela rede pública de água e somente 35% está ligada à rede pública de esgotos, sendo que para o ano 2.000, com uma população prevista de 20.000.000 de habitantes, o atual volume de esgotos e despejos industriais deverá aumentar de cinco vezes. Nas demais cidades brasileiras, onde o estímulo econômico tem provocado um crescimento urbano considerável, pode-se identificar o mesmo processo básico de ocupação do solo urbano.

Preliminarmente, a ocupação oriunda de um crescimento ou estímulo econômico recente, provoca um adensamento das áreas centrais que se traduz principalmente em termos de crescimento na área edificada e no aparecimento de inúmeros serviços de nível terciário. Nessa fase, se o estímulo é suficiente, começam a surgir uma série de edifícios novos, num processo de substituição dos velhos, mas construídos sobre a mesma estrutura urbana primitiva. Dessa forma, comprometem-se de saída as possibilidades de remanejamento do uso do solo urbano nesses centros, uma vez que os interesses e capitais investidos pela iniciativa privada passam a funcionar como bloqueio para qualquer tentativa mais séria de descentralização, ao mesmo tempo que se constituem fortes pressões políticas por parte dêsses investidores, para a concentração de benefícios no centro, graças aos próprios interesses da especulação imobiliária florescente.

Concomitantemente, inicia-se na periferia um processo de ocupação caracterizado por uma população de raízes e interesses rurais, mas cujo nível econômico raramente ultrapassa os limites da subsistência.

O êxodo dessas populações para as cidades liga-se muito mais à falta de condições de trabalho no campo do que à atração exercida pelos centros urbanos, fato que por si só caracteriza o nível possível de prestação de serviços por parte dessa população.

Em Manaus, podem-se obeservar perfeitamente as conseqüências urbanas resultantes do estímulo econômico introduzido com a criação da Zona Franca. A proliferação de casas comerciais na área central provoca até congestionamento e problemas de estacionamento. Iniciaram-se construções de inúmeros edifícios junto a esse mesmo centro, e sobre a mesma estrutura urbana dos tempos da borracha. Os alugueres de casas em Manaus estão ao nível dos preços pedidos em São Paulo ou Rio de Janeiro, e mesmo assim longe do centro da cidade. Aumentou também consideravelmente a população que vive à margem do rio e na periferia, e que subsiste graças à demanda de pequenos serviços e a um comércio incipiente da pesca ou produtos agrícolas.

Fortaleza, que também passa por um processo de expansão urbana recente, numa escala bem maior do que Manaus, sofre as conseqüências desse crescimento. Assim, a vontade de realizar obras leva a administração a destruir praças inteiras, cobertas com magníficas figueiras, substituindo-as por modernas praças de pedra e concreto, ou por caixas d'água que poderiam perfeitamente estar localizadas em outras áreas. Também as praias junto à área urbana vão sendo pouco a pouco obstruídas pela construção de clubes e edifícios de apartamentos, sem que haja nenhuma possibilidade de contrôle ou orientação.

São Luís do Maranhão, situada sobre uma ponta de terra que avança sobre o mar, e com poucas possibilidades de expansão, vem sofrendo um processo de adensamento considerável. A construção de edifícios na área central tem contribuído para a destruição de um monumento urbano importantíssimo na nossa cultura. É comum, também, a modernização de vários edifícios colonial, em cujas fachadas azulejos originais são substituídos por azulejos novos. Tudo isso, apesar do trabalho enorme de conservação desenvolvido pelo Serviço do Patrimônio Histórico e Artístico Nacional. Com a construção do pôrto de Bacanga-Itaqui, e de inúmeras pontes e vias de acesso à periferia, São Luís já começa a se espraiar, dentro das características espontâneas de crescimento das demais cidades brasileiras.

A falta de um preparo técnico e político básico por parte dos elementos que administram a maioria de nossas cidades é também uma das causas da falta de diretrizes para a ocupação do solo urbano. Mesmo quando existe um plano elaborado, para uso de determinada municipalidade, raramente é posto em execução. Ou porque os objetivos e os meios que se propõem para alcançá-los estão fora da escala das possibilidades do município, ou porque o plano é totalmente alheio aos anseios da comunidade. A idéia de plano liga-se muito mais a um conjunto de medidas relacionadas com a participação política efetiva por parte da população do que a um amontoado de recomendações e desenhos, cuja viabilidade é quase impossível. Interessa muito mais a criação de uma mentalidade de planejamento do que a elaboração de um plano propriamente dito. Daí a importância da atuação didática, na formação de técnicos e administradores em nível municipal.

A atividade desenvolvida pelos técnicos do CEPAM (Centro de Estudos e Pesquisas de Administração Municipal), órgão ligado à Secretaria do Interior do Estado de São Paulo, reveste-se por isso mesmo da mais alta importância. A criação de uma prefeitura-modelo em Valinhos, com a ministração de cursos para preparo de técnicos e administradores, tem sido de grande utilidade na criação de uma mentalidade profissional na área da administração municipal.

Ensinar a reconhecer as necessidades de uma comunidade e fornecer elementos para enfrentar numa escala real essas necessidades, é muito mais importante que entregar um plano pronto, sem "alma".

Da apresentação do "Roteiro para elaboração do Plano Diretor de Desenvolvimento Integrado" publicado em janeiro de 1969 e elaborado pelos técnicos do CEPAM podemos citar:

"O plano diretor deverá atuar como impulso inicial no processo de planejamento. Por isso mesmo, êle deve ser adequado à realidade do Município, ser exeqüível, expressar os anseios de toda a população e concluir com um plano de ação que exprima a orientação política do Governo Municipal"(...) "Não será considerado plano o documento que, uma vez elaborado, não possa ser posto imediatamente em execução, servindo apenas para ser guardado na gaveta da escrivaninha do Prefeito, ou exibido aos visitantes de seu gabinete."

O Governo Federal e as primeiras iniciativas do planejamento territorial urbano no Brasil.

O concurso nacional para elaboração do Plano Pilôto da nova Capital do Brasil, promovido oficialmente em 1956, foi o primeiro trabalho em escala nacional e de repercussão internacional que polarizou a atenção dos arquitetos do Brasil. O Governo Federal tomou a iniciativa de solicitar a participação de arquitetos e profissionais de planejamento, para um concurso de importância fundamental. Até então as iniciativas do Governo, nos campos de planejamento físico, se restringiam a estudos setoriais específicos, sem visão de conjunto. O concurso para nossa Capital veio criar a oportunidade de discussão e conscientização de um problema básico para nosso desenvolvimento, ou seja, a ocupação e valorização das terras do interior, através da criação de pólos de atração no centro do território nacional. Assim, abrir-se-iam novas estradas de ligação com as regiões centrais e valorizar-se-iam os centros regionais próximos à nova capital, implantando-se um elemento dinâmico de crescimento.

Além disso, procurava-se criar uma forma inteiramente nova de viver para o homem brasileiro, através de um esfôrço de realização e otimismo realmente notáveis. A construção de Brasília ainda não está concluída. O aparecimento das cidades satélites, bem como uma série de deformações surgidas no uso da cidade nova, são elementos que ainda precisam ser discutidos e avaliados. Indiscutível, no entanto, é o dinamismo que a construção da nova Capital veio trazer para todo o interior, bem como o entusiasmo e a influência que tem provocado sobre todas as cidades brasileiras.

No entanto, apesar da visão de integração que continha a criação da nova Capital, não havia ainda uma consciência clara da necessidade de um planejamento territorial ao nível nacional, regional e local por parte do Governo Federal.

Em 1963, com o Seminário de Habitação e Reforma Urbana de Quitandinha, e mais tarde em 1964, com a união do Plano Nacional de Habitação ao SERFHAU, começa o Governo a adquirir "consciência do desequilíbrio em termos de distribuição espacial das populações e das atividades econômicas". Constata-se também que o crescimento das cidades tem-se processado sem qualquer tipo de controle, resultando em formas irracionais e até mesmo caóticas de urbanização. (Programa Estratégico de Desenvolvimento Urbano.)

A criação de um sistema financeiro para habitação, o Banco Nacional de Habitação (BNH), com um poder de investimento de 25% do total dos investimentos governamentais decorrentes da arrecadação do FGTS (Fundo de Garantia do Tempo de Serviço), gerou a necessidade de criação de critérios para distribuição e alocação dêsses investimentos.

"A formulação desses critérios levou a um estudo mais amplo onde se reconheceram dois tipos de problemas fundamentais: um relacionado com a formulação de uma classificação e hierarquização das áreas urbanas no Brasil e outro com o impacto que a construção dessas habitações causaria nos sistemas urbanos."

Ao EPEA, órgão do Ministério do Planejamento, coube então a elaboração de uma *estratégia espacial* para o desenvolvimento urbano brasileiro, bem como a criação de um sistema nacional de planejamento local integrado, operado basicamente pelas firmas financiadas pelos órgãos federais.

O Governo Federal ficou encarregado da difícil tarefa de compatibilização do desenvolvimento sócio-econômico nacional com as realidades micro-regionais e municipais, através do "Plano de Desenvolvimento Local Integrado". "O que se pretende é a montagem de uma política de desenvolvimento local através dos planejamentos sociais, institucionais e físicos. O fim último é obter uma alta taxa de rentabilidade dos investimentos públicos e privados, e alcançar, no menor espaço de tempo, a aceleração progressiva e auto-sustentada do aumento de renda *per capita* nas micro-regiões, áreas locais e municipais."

O plano decenal do Governo Castelo Branco

O plano decenal do Governo Castelo Branco, ao tomar consciência do desenvolvimento urbano desordenado e não planejado das cidades brasileiras e do desequilíbrio existente entre atividades econômicas e ocupação do solo, passa a propor uma série de medidas tais como:

a) Uma política nacional de desenvolvimento urbano formulada dentro do contexto de uma política nacional de desenvolvimento regional.

b) Análise de experiências estrangeiras (em países desenvolvidos) procurando os aspectos que têm sofrido maiores influências por parte de políticas nacionais, assim como:

1. Modificação da estrutura da rede de cidades promovendo a redistribuição da população urbana.

2. Alteração dos padrões de urbanização, traduzida principalmente em mudanças de densidades residenciais e dos traçados urbanísticos básicos.

3. Modernização das estruturas locais de planejamento, legislação e distribuição.

O capítulo II trata das bases para a formulação de uma política nacional de Desenvolvimento Urbano através da caracterização e do estudo de regiões programa e da definição de pólos de desenvolvimento.

Inicialmente mostra a necessidade de se conciliar o potencial local de desenvolvimento equacionado em nível micro-regional, e a conveniência e estratégia do aproveitamento desse potencial equacionado a nível macro-regional e nacional.

Esta tarefa julgada extremamente complexa propõe um esquema de trabalho no qual:

a) O Conselho de Geografia preparará a divisão preliminar do país em regiões homogêneas;

b) O EPEA se encarregará de preparar um roteiro para a elaboração de Diagnósticos Preliminares da Economia das Micro-Regiões que deverá cobrir em linhas gerais os seguintes pontos:

1º Base econômica atual das Micro-Regiões.
2º Atividades motrizes.
3º Recursos humanos.
4º Capacidade empresarial.
5º Recursos naturais e potenciais.
6º Pontos de estrangulamentos da infra-estrutura.

Preenchidos os 6 tópicos, seria elaborada uma síntese que, aliada a uma compatibilização com as metas estaduais, regionais e nacionais, permitiria a estes organismos dirigir racionalmente seus investimentos.

Paralelamente foram feitos estudos para a hierarquização da rede urbana baseados no método do Prof. Rochefort, com 3 níveis de centros de polarização.

1º Pólos de Desenvolvimento de Interesse Nacional

Compreendem as grandes metrópoles e visam a estimular os investimentos públicos e privados no sentido de criar economias de escala e economias externas. Visa ainda, através de efeitos multiplicadores, a obter economias de escala e externas, e o desenvolvimento auto-sustentado de suas regiões de influência. Adverte da necessidade de se elaborar uma política espacial para ás regiões metropolitanas do Rio e de São Paulo para se descentralizar algumas de suas atividades.

2º Pólos de Interesse de Desenvolvimento Micro-Regional

(De 100.000 a 500.000 habitantes, e compreendendo aproximadamente 60 a 70 cidades,)

Visa a orientar os investimentos para estes centros com a finalidade de promover o desenvolvimento espacial mais equilibrado das economias regionais.

3º Pólos de Equilíbrio

Caracterizados como Cidades Prioritárias nos Estados, que deveriam receber determinados investimentos públicos em infra-estrutura física e social (habitação, saúde e educação), visando a criar condições para fixação de sua população com a possibilidade de se tornarem futuramente pólos de interesse macro-regional.

Enfim, salienta que, com o confronto entre os potenciais e as metas setoriais de desenvolvimento nacional e macro-regional, em têrmos de região programa e pólos, ter-se-ão as bases locacionais para a política de desenvolvimento urbano.

O Capítulo III aborda o programa do planejamento local no Brasil, que deverá processar-se através da implantação do sistema de planejamento integrado, sistema este que, contando com recursos humanos e financeiros, terá condições de sucesso a prazo relativamente curto.

Mostra a necessidade de racionalização dos investimentos empregados no Desenvolvimento Urbano, que são estimados em mais de 50% dos investimentos totais, sendo que para isso é preciso elaborar Planos Locais de Desenvolvimento Integrado.

Aponta como das principais irracionalidades do Desenvolvimento Urbano as baixas densidades das cidades brasileiras, comparadas às densidades econômicas de 300 a 450 habitantes por hectare, acarretando custos unitários muito altos para os equipamentos sociais e infra-estrutura.

No referente à situação do planejamento urbano indica a especulação imobiliária como um dos sérios obstáculos à elaboração de planos urbanísticos e salienta que os planos eventualmente elaborados não encontram condições de se implantar devido ao fato de que a maioria das estruturas administrativas locais são arcaicas. Os próprios planos quando elaborados, muitas vezes se constituem numa série de documentos de caráter meramente tecnológico e que não traduzem a realidade político-administrativa local.

Efeitos da Política Nacional de Desenvolvimento Urbano sobre o processo de planejamento

Talvez os melhores resultados decorrentes da implantação do sistema financeiro da habitação tenham sido obtidos através do funcionamento do FIPLAN, tendo sido aprovado até meados de 1968 financiamento para 8 planos, sendo 2 para as áreas metropolitanas de Fortaleza e Belo Horizonte. Neste período estavam em estudo 64 pedidos de financiamento formalmente apresentados e 300 cartas de interesse.

No programa que propunha a formação de técnicos, o sistema não obteve resultados satisfatórios, inclusive pela política do BNH em só investir onde a rentabilidade estivesse assegurada. Trouxe ainda o SERFHAU uma série de técnicos consultores de outros países entre os quais Violich para a formação de técnicos, Turner, especialista em habitação, Friedman em planejamento regional e Barry, geógrafo especialista em critérios para definição de Regiões Metropolitanas.

Foram ainda preparados 2 seminários sobre regiões metropolitanas, sendo um nacional e outro internacional, tendo sido encomendada a caracterização das regiões metropolitanas e formada uma comissão de quatro técnicos para o relatório final.

Plano Trienal do Governo Costa e Silva

Em linhas gerais o Plano Trienal ratifica o Decenal no setor de Desenvolvimento Urbano. Podemos no entanto encontrar alguns itens divergentes ou que completam o anterior.

O Plano Trienal examina o processo de urbanização e as causas do crescimento das cidades, concluindo que este se manterá ainda por muito tempo.

Desta forma procura potencializar os aspectos positivos da urbanização e equacionar e atenuar os fatôres que possam transformar-se em obstáculos ao desenvolvimento urbano.

No capítulo referente aos aspectos estruturais das cidades levanta o problema da importância de estudos de economia urbana pràticamente inexistentes e que deveriam focalizar os seguintes tópicos:

a) custo de cada novo habitante na estrutura urbana;
b) relação habitante/investimento em infra-estrutura;
c) inventário do uso da terra;
d) cadastro para tributação.

Quanto à formação da rede urbana, conclui que fatores históricos levaram-na a apresentar sérios inconvenientes que deverão ser ultrapassados basicamente com a inter-relação entre os níveis macro e micro-regionais.

Assegura que uma política espacial a curto prazo será impossível. No tocante aos instrumentos de ação governamental, propõe que estes se tornem fundamentados numa série de pesquisas dentre as quais temos:

a) Inventário dos estudos existentes sobre desenvolvimento urbano;
b) Custos da urbanização;
c) Análise dos efeitos do Plano Nacional de Habitação;
d) Estudo da população marginal urbana.

Por fim propõe a criação de um novo órgão, o INDUL (Instituto Nacional de Desenvolvimento Urbano e Local), que englobaria o SERFHAU e o SENAM e que teria as seguintes atribuições:

a) Coordenar a implantação dos Planos de Desenvolvimento Urbano e Local de forma compatível com as políticas federais;
b) Ser instrumento de coordenação política do desenvolvimento metropolitano, que permitiria à União constituir regiões metropolitanas;
c) Exercer ação normativa sobre o planejamento urbano e local, e administrar um Fundo de Desenvolvimento Urbano e Local que financiaria além de Planos, os projetos e a implantação de projetos.

Destaques e comentários sobre o sistema do Planejamento de Desenvolvimento Urbano do Governo Federal

A possibilidade de implantação do sistema de planejamento urbano por parte do Governo parece ser bastante remota. A inexistência de uma institucionaliza ção adequada e de canais eficientes de comunicação e informação dificulta sobremaneira essa possibilidade. Além disso, a integração com os outros setores de planejamento é quase inexistente, o que, numa fase preliminar, deverá exigir uma série de estudos e pesquisas para a criação de canais intersetoriais de ligação. Assim, consideramos de importância básica a formulação de uma estratégia que oriente a implantação de uma política urbana realmente atuante. A infra-estrutura das cidades brasileiras requer atenção especial, pelo vulto dos investimentos necessários para implantá-las, bem como pela importância que representa dentro do quadro do desenvolvimento global. Além disso, a criação de uma rede eficiente de organismos governamentais de planejamento é bastante importante. A delegação constante e crescente da direção de trabalhos do governo a firmas particulares é uma distorção da função do Estado, o que pode acarretar perdas de contrôle e perspectiva política por parte da administração pública. No entanto, o que ocorre é uma grande corrida de empresas à procura de contratos para elaboração de "planos de desenvolvimento local integrado", onde nem sempre a qualidade dos trabalhos é fundamental. Ressente-se, além disso, o sistema nacional de planejamento de uma falta básica de dados e informações. A fundação de um Centro Nacional de Documentação torna-se, assim, uma medida de caráter prioritário para a criação de um Banco de dados. O que se verifica atualmente por parte das firmas e empresas particulares é a retenção de dados básicos, condição essencial na luta da concorrência. Entretanto, sòmente a criação de um centro de documentação completo e aberto poderá criar condições adequadas de pesquisa e análise, reduzindo as firmas ao mesmo denominador comum: a informação.

Assim, ao poder público compete, evidentemente, o controle da elaboração e da execução do plano, sem o quê a sua capacidade e seu papel de decisão política vêem-se delegados, o que representa evidentemente uma grande perda de autoridade, condição essencial de qualquer governo atuante.

Cabe ao arquiteto, dentro dos objetivos a que se propõe atender o planejamento urbano, papel dos mais importantes. A crescente concentração demográfica acusada por nossas cidades exige soluções não apenas pragmáticas, mas adequadas ao desenvolvimento que o País espera atingir. Assim, a criação de espaços compatíveis com as funções urbanas deve levar em conta o convívio na cidade. Deverão ser criados modelos com objetivo de fornecer elementos que se possam constituir em subsídios para propostas de expansão e renovação urbana, especialmente no que se refere a zonas centrais de prestação de serviços e áreas habitacionais. Deverão ser enfocados os problemas de localização industrial procurando abranger todos os aspectos da vida urbana e suas relações.

Uma investigação mais profunda dos aspectos construtivos, dos recursos e equipamentos existentes, do esquema de produção, dos custos e benefícios, faz-se necessária para avaliação concreta das propostas que deverão surgir. Enfim, trata-se de relacionar e controlar o crescimento urbano em função do crescimento econômico, o que só é possível através de uma atuação constante e efetiva por parte dos poderes públicos. Assim, apenas a consciência dessa responsabilidade técnica e política poderá criar condições de viabilidade.

ASPECTOS POLÍTICOS DO PLANEJAMENTO

Fernando Henrique Cardoso

Alguns dos autores que discutiram o planejamento no Brasil — e talvez se pudesse generalizar para os países subdesenvolvidos — afirmaram que o planejamento não só está condicionado politicamente, como é óbvio, mas tem alcançado "resultados políticos" pelo menos em igual proporção que os "resultados econômicos", quando não tem sido principalmente uma "manobra política". A leitura dos capítulos precedentes deste livro mostra o exagero dessas afirmações. A avaliação dos planos nacionais, regionais e setoriais indica, desigualmente, para os diferentes planos aqui estudados, que algumas metas econômicas, manifestamente propostas nos planos ou aceitas consensualmente como o resultado desejável de uma *performance* razoável do sistema econômico, foram atingidas.

Isso, entretanto, não reduz a importância da análise dos aspectos políticos do planejamento. Para começar, no plano teórico mais geral as noções de "política" e "planejamento", tal como foram formuladas pelos autores clássicos, pareciam ser antinômicas. Com efeito, haveria decisão política toda vez que, enfrentando alternativas, a opção pudesse *criar algo novo,* por mais geral que fosse a caracterização desse "algo": desde um novo instrumento de pressão até a proposição de uma solução não institucionalizada ou, quando institucionalizada, que não estivesse necessariamente contida na situação de interesse anteriormente dada. Se a decisão pudesse decorrer da experiência anterior, estivesse ela codificada em leis e regulamentos, ou simplesmente consentida pelos participantes do jogo político em função de uma prática rotinizada pela tradição e pelos costumes, estaríamos no campo da "administração". Essa, naturalmente, se supunha subordinada às opções políticas já configuradas no passado. Seria o substrato cristalizado dos meios adequados para implementar as políticas e *a* política mais geral, dos atores (grupos, classes, indivíduos) que numa dada sociedade, grupo ou instituição tivessem conseguido definir as regras do jogo e as metas a serem atingidas.

Neste contexto, o planejamento seria a "administração racional", isto é, o processo de distribuição ótima dos recursos e dos meios tendo em vista *objetivos dados.* Mas a fixação dos objetivos cairia no campo da decisão política e essa, por ser eminentemente criativa e por decorrer da imposição (embora legitimada) da vontade de uns grupos sobre os outros, de umas classes sobre as outras, estaria ligada à esfera não racionalizada da vida social, à terra-de-ninguém do campo de luta entre os grupos sociais, onde a zona de incerteza invade freqüentemente a área das decisões tomadas racionalmente, segundo critérios previamente estabelecidos. Política "racional" ou "planejamento" e política se oporiam, portanto, em princípio. No máximo seria possível racionalizar a partir de opções dadas, selecionadas por critérios distintos do metro da razão. Portanto, o planejamento deveria circunscrever-se diretamente à área da administração.

Assim, rigorosamente, supunha-se que o planejamento central (especialmente, mas não de forma exclusiva, o planejamento econômico) seria viável apenas nas sociedades socialistas: nestas, segundo a visão utópica do jovem Marx, a política teria sido substituída pela administração, posto que não haveria mais dominação de umas classes por outras, nem Estado como instrumento desta dominação, não havendo, portanto, óbice maior para que as "decisões racionais", equilibrando os fins ótimos socialmente desejáveis e os meios adequados e disponíveis, se consubstanciassem em planos bem concatenados.

A história demonstrou que a incompatibilidade "de princípios" era redutível a uma prática diferente. As economias socialistas, especialmente na URSS, utilizaram técnicas de planejamento muito antes da fusão consensual do interesse de cada grupo no anseio coletivo de uma comunidade universal dos homens. Fortalecimento do Estado, repressão, segmentação de interesses, pugna política aguda entre grupos, coexistiam com a definição e implementação de planos qüinqüenais. E a teoria antecipou a possibilidade do planejamento nas sociedades pluralistas, de economia capitalista.

Terá sido Mannheim, talvez, o primeiro teórico a sistematizar os problemas novos que surgiram com a "planificação democrática": como conciliar a liberdade individual, a representatividade legítima dos grupos de interesse, a multiplicidade dos objetivos, com a planificação? Nesta linha produziu-se a revolução copernicana do pensamento político com respeito ao planejamento: começou a desfazer-se a oposição entre política e administração; entre, por um lado, a "liberdade", concebida como movimento irracional de um sujeito indeterminado, e por outro a antecipação racional (planejada) do curso das ações e opções. As linhas de transformação do pensamento sobre o problema do planejamento multiplicaram-se e entrecruzaram-se. De uma parte, aceitou-se implicitamente a crítica marxista da idéia de liberdade herdada do pensamento ilustrado: o sujeito dessa liberdade não poderia ser o indivíduo como um ser indeterminado e geral. Ao contrário, a possibilidade do exercício efetivo da liberdade depende cada vez mais da situação concreta, na qual grupos organizados têm asseguradas as informações para a definição de seus interesses, conhecem suas necessidades e dispõem dos meios de organização para lutar por seus objetivos. Por outro lado, ficou claro que independentemente do julgamento das ideologias, quanto ao significado abstrato do planejamento como técnica de liberdade ou de compulsão, o próprio desenvolvimento tecnológico, especialmente a revolução nos meios de comunição, a urbanização acelerada do mundo contemporâneo e a "crise política" generalizada, numa palavra, a formação de "sociedades de massas", puseram em xeque as concepções teóricas que tornavam conceitos antinômicos política e administração, liberdade e planejamento. A "racionalização crescente" passou a ser vista, na linguagem de Mannheim, como expressão do novo movimento da história, que impelia à "democratização fundamental". A liberdade para preservar-se como algo mais que uma idéia geral teria de apoiar-se na definição e, portanto, na antecipação, das regras do jogo, na determinação das esferas da vida social, nas quais o plano se impõe como recursos para a sobrevivência da própria "sociedade política", além da expansão econômica, e nas áreas onde o jogo político (ou no plano pessoal as opções de todo tipo) assegura aos indivíduos a sua liberdade como pessoa e como cidadão.

Convém esmiuçar um pouco o processo político subjacente a essas transformações. O pano de fundo que empresta sentido a essas mudanças é a formação do que alguns autores chamaram de *cidadania*. Esse processo implicou na separação entre ordens institucionais que no período anterior ao advento do capitalismo industrial encontravam-se sobrepostas. Família, propriedade e Estado passaram a ter existência autônoma, como instituições interligadas, mas, específicas, dentro dos Estados nacionais, que se organizaram tendo como base a sociedade industrial. A esfera política, a esfera econômica e a esfera privada da vida decantavam instituições específicas e complementares. Na visão liberal do mundo, o centro de cada uma dessas ordens institucionais era o indivíduo: a política deveria ser regulamentada de modo a permitir a expressão da vontade de cada um, no jogo da democracia representativa, que constituía e legitimava o Estado; a economia harmonizava no mercado o interesse dos indivíduos, proprietários isolados de sua força de trabalho ou de empresas; a família era a célula onde as "relações naturais" do homem encontravam sua defesa. A representação que se formou sobre o funcionamento de cada uma dessas ordens dependia, por sua vez, da criação de conjuntos de direitos e deveres civis, políticos e sociais, que estivessem institucionalmente organizados através de leis e tribunais que assegurassem a todos as liberdades básicas, o acesso ao Poder, a garantia do benefício das condições sociais necessárias para seu exercício, como a educação. De posse desses requisitos, que deveriam ser iguais para todos e universais, ter-se-ia o *cidadão,* sujeito verdadeiro do processo histórico.

Por certo a formação da cidadania, mesmo na Europa, deu-se por partes. Mas a ideologia liberal percebia essa tendência como um processo irreversível e de expansão crescente. A crítica marxista, como todos sabem, incidiu sobre este ponto, principalmente: o pensamento político do liberalismo generalizava uma situação que é parcial num duplo sentido, porque ocorreu num dado momento da história e nada assegura que deva ser sempre assim e porque de fato alcança apenas uma parcela da sociedade, uma classe. Só os proprietários, com efeito, teriam as condições substantivas para se beneficiarem dos direitos dos cidadãos. Este tipo de crítica não se dirigia, portanto, à aspiração de liberdade individual ou à necessidade de limitar a intervenção do Estado. Ao contrário, postulavam-se novas condições não "burguesas", a partir das quais isso seria possível. Não se quebrava, portanto, o elo da tradição liberal de valorização da liberdade. Mudava-se seu sujeito e as condições de sua exeqüibilidade.

A história dos séculos XIX e XX mostrou que, não obstante a permanência da "sociedade burguesa", houve certa generalização da cidadania. Entretanto, a complexibilidade da economia industrial e o crescimento da massa de cidadãos produziam um resultado que, embora entrevisto pelos pensadores clássicos do liberalismo, superou suas expectativas: o funcionamento das instituições, que deveriam garantir a "sociedade democrática", a emprêsa, o Estado, as instituições civis e sociais (como os tribunais, as escolas etc.), requeria a ampliação crescente de um quadro de funcionários especializados. Crescia, assim, a moderna burocracia.

Terá sido Weber, mais que qualquer outro, quem tirou as conseqüências teóricas mais importantes desse fenômeno. A organização burocrática da vida econômica, política e social era vista, por um lado, como a expressão da racionalidade crescente. A decisão, no mundo complexo da civilização ocidental, requer direitos e códigos. Estes precisam dos especialistas que os leiam, interpretem e apliquem. Sem eles, não há como fundamentar "racionalmente", isto é, escolhendo adequadamente os meios que levem aos fins desejados. Entretanto, o formalismo racional da burocracia não é uma simples decorrência da "complexidade do mundo industrial": a burocracia, como forma típica de organização, serve ao capitalismo e ao socialismo mas é mais geral que eles. Existiu em outros tipos de sociedade e existe em ordens institucionais distintas da emprêsa e do mercado. É antes de mais nada o instrumento pelo qual se pode compatibilizar, no plano político, a igualdade formal requerida pela cidadania: como fundamento de um tipo de dominação, ela permite *nivelar* interesses e garante a *impessoalidade* formalista, que se requer para garantia das oportunidades iguais. Numa palavra, faz parte integrante da *organização democrática*.

Além disso, o funcionário burocrático, em termos típico-ideais, não só é "livre" como é selecionado teòricamente em função de sua competência profissional, quanto possível, através de concursos. E o *cargo* que ele exerce define-se legalmente também em bases técnicas: limita esferas de competência e assegura ao seu titular direitos específicos que o garantem contra as "pressões políticas".

Por outro lado, entretanto, Weber percebeu os limites que a burocratização colocava para as liberdades democráticas e equacionou claramente a questão central da teoria política da burocracia: quem garante que essa "racionalidade formal" crescente não seja antinômica com a "racionalidade substantiva"? Noutras palavras, a enorme capacidade que as sociedades contemporâneas possuem (sejam elas capitalistas ou socialistas) de organizar burocraticamente e decidir tecnicamente, a partir de critérios estabelecidos — capacidade esta que cresce exponencialmente com a revolução tecnológica das informações e comunicações — não assegura por si mesmo que os objetivos visados sejam os melhores, nem sequer que hajam sido escolhidos por critérios racionais. A questão básica, para Weber, continuava sendo: "quem domina o quadro burocrático existente"?

E todos sabem que Weber na resposta a questões deste tipo recolocou a discussão sobre a natureza da política. Essa, "em última instância", se é verdade que encontra na violência a garantia de seu exercício, implica numa vontade e numa ética, portanto implica em valores, cuja escolha não está tecnicamen'e condicionada. Nos quadros estreitos de uma dominação burocrática e da burocratização crescente das sociedades modernas Weber via fundamentalmente duas clareiras que poderiam mitigar os efeitos da crescente racionalização formal em desmedro da racionalização substantiva:

a) o empresário capitalista, porque dentro do círculo de seus interesses é superior em saber à burocracia;
b) o político, quando lidimamente guiado por uma *vocação,* capaz de impor seus desígnios em contraposição às associações (aos partidos), inclusive às associações de massa, que estão irremediavelmente condenadas a submeter-se ao império das burocracias.

Esta visão da burocratização do mundo, da planificação também crescente e do perigo de que se acentue a antinomia entre racionalização substantiva (isto é, escolha não só de "meios adequados", mas também de fins desejáveis socialmente e racionalmente selecionados) e racionalização formal nasceu do contexto histórico da experiência cultural e política da Europa Continental. É neste contexto que a reação liberal a estes riscos deixa entrever toda sua significação: o Estado Absolutista criou uma burocracia civil poderosa que, aliada aos exércitos — formas de organização nas quais a burocracia logo se assentou e desenvolveu —, constituíam os estamentos básicos com os quais se enfrentava a sociedade civil, isto é, a burguesia ascendente. Para contrabalançá-las, a teoria política da democracia burguesa desde Rousseau e Montesquieu punha toda ênfase no desenvolvimento do sistema representativo, na divisão entre poderes e no primado da vontade política, expressa pelo voto, sobre a vontade do Estado, consubstanciada na decisão burocrática. Weber foi mais longe na análise da burocracia e percebeu que o desenvolvimento tecnológico e o crescimento da organização econômica moderna haviam aberto as portas à burocratização dos partidos e das organizações de massa, isto é, da própria "sociedade civil". Para contrapor-se ao *ethos* burocrático, não via senão a vocação do político e do estadista, guiados por uma ética de responsabilidade, na qual a instrumentalização da ação justificar-se-ia sempre que em nome de um cálculo das conseqüências de seus atos e escolhas, a que todo o político deve estar obrigado. Assim, na prática, a justificativa da ação política em nome de "fins últimos", de uma ética de valores absolutos, pode mesclar-se para Weber, legitimamente, com formas de seleção dos meios a serem empregados que, se nem sempre são os melhores, possam assegurar pelo menos alguma certeza quanto a suas conseqüências, em comparação com outras alternativas.

Colocada neste nível de generalidade, a solução weberiana não responde à complexidade da situação presente, quanto aos dilemas de política e administração racional, "livre iniciativa" e planejamento. Mas ilustra as contorsões do espírito liberal para salvar, diante da quase inevitável marcha do mundo para a massificação e a burocratização, uma região de opção livre e criadora, capaz de responder às "exigências da situação". Mannheim repôs a indagação weberiana num contexto mais atual. Entretanto, embora menos influenciado pelo espírito liberal, não chegou ao fundo da questão tal como o desafio do presente a coloca: continuou, assustado com o crescimento da esfera das decisões racionalizadas da vida moderna, a preocupar-se com a questão liberal: "quem planeja os planejadores"? Ou seja, onde colocar a região de liberdade capaz de contrabalançar a ameaça do Estado Planejador?

O desenvolvimento das sociedades de massa e das economias industriais, especialmente, como se indicou, a tremenda revolução nos meios de informação e comunicação, ao lado da forma que a decisão e o controle assumiram na empresa moderna, recolocaram essas questões em termos diferentes e sob certos aspectos mais desafiantes. Tomando o último problema indicado, parece claro que o empresário deixou de estar imune ao *ethos* burocrático, e mesmo que, na grande corporação empresarial, os comitês de direção e administração substituem paulatinamente aquele tipo de empresário "superior em saber, no círculo de seus interesses" à burocracia, acentuando um processo de separação entre propriedade e controle que o próprio Marx antecipara no século XIX como tendência do capitalismo. Entretanto, esta tendência à administração planejada, baseada no que Galbraith chama de tecnoburocracia, contém em si mesma um corretivo importante à escalada avassaladora da "racionalidade formal": a expansão do "mundo contemporâneo", nas suas várias esferas (econômica, política, militar, civil), depende de modo crescente da inovação tecnológica, da criatividade organizativa e da continuidade inventiva nos meios de informação e comunicação. Isto (que é verdade também para as sociedades socialistas, embora com aspectos diferentes) faz com que a própria atividade planejadora dependa do *élan* criador e contenha em si instrumentos que assegurem a liberdade para a criação.

Por certo essa tendência não elimina os problemas relativos à liberdade política, como já indicaremos. Mas dissolve, como problema inerente à própria expansão da sociedade industrial de massas, a oposição formal entre liberdade e planejamento, burocracia e política. Estes problemas continuam a existir, mas situados concretamente em termos históricos e não como uma oposição de princípios, como uma contradição peculiar à natureza da sociedade industrial e à massificação da política. A ninguém ocorreria, diante dos fatos conhecidos, negar, por exemplo, importância política às conseqüências da revolução que ocorreu nos meios de informação e comunicação, que ao mesmo tempo em que facilitou a "mobilização" de novas camadas da sociedade para as decisões políticas das quais se encontravam marginalizadas antes do crescimento industrial e urbano, deixou-as à mercê dos fluxos de informação centralmente controlados por pequenos grupos, às vezes "burocráticos" como nos países socialistas ou então "de altas rendas" como nos países capitalistas. Mas não é a partir deste tipo de problemas que o planejamento assume sua significação teórica geral como questão política. É antes no contexto novo de uma sociedade que para sobreviver e expandir-se *tem que planejar,* mesmo no caso das economias capitalistas, que o planejamento se apresenta como um tipo definido e variável de "resposta" política e técnica para o desafio das sociedades industriais de massas.

Não cabem aqui digressões sobre as diferenças — já caracterizadas na Introdução — entre o planejamento central e os planos indicativos, nem sequer cabe mostrar como a resposta política do planejamento quanto às suas implicações na definição das metas e no assegurar a participação entre os distintos grupos da população no controle dessa definição e na implementação dos planos, varia de um para outro tipo de organização social e política. Mas cabe discutir como se apresenta essa problemática na situação brasileira.

O essencial sobre o significado do planejamento nos quadros da teoria política contemporânea foi dito no capítulo II deste livro. A decisão de planejar é política, no sentido de que por intermédio da definição dos planos se alocam "valores" e objetivos junto com os "recursos" e se redefinem as formas pelas quais êstes valores e objetivos são propostos e distribuídos. Assim, passa-se de um modo "tradicional" de definição de prioridades e distribuição de recursos, baseado, por exemplo, nas esferas de influência (entre os Estados, os Partidos e a Administração) e na continuidade do sistema político através do sistema eleitoral, para um modo "racional" de proceder, graças ao qual se diagnosticam as carências, se escolhem os objetivos e se definem os meios a serem empregados, segundo regras e procedimentos aceitos como razoáveis por um conjunto de técnicos (embora sirvam, obviamente, para a reorganização do sistema do poder em benefício de uns partidos, grupos e líderes contra outros). Por outro lado, a implementação do plano implica em "políticas", isto é, na escolha de alguns recursos que o sistema político fornece em detrimento de outros com o fim de, uma vez alcançados os resultados "econômicos" do plano, reforçar politicamente o grupo que o apoiou (o Presidente, seus ministros, os técnicos e os "partidos"). E, por fim, a própria "decisão administrativa", neste caso, longe de opor-se à "decisão política" como um pólo antinômico, "abre-se" ou dirige-se para a decisão política: quando a persistência das normas organizacionais é incapaz de resolver os problemas ou de atender "demandas políticas" de uma dada situação, esta dá lugar a um novo critério, induzido de fora da administração, capaz de solucionar o impasse criado.

Obviamente, a validade desta análise assenta em premissas distintas das que haviam sido colocadas pelo desenvolvimento político europeu: a flexibilidade relativa do quadro administrativo mostra que o estamento burocrático existente é pouco sedimentado e incapaz de responder às pressões do sistema político por seus próprios recursos; a decisão governamental de "modernizar" os procedimentos de alocar recursos e definir objetivos, indica que as pressões inovadoras da "sociedade civil" (no caso brasileiro expressas pela mobilização política populista e pelo nacionalismo econômico) se fazem sentir ao nível do próprio Estado; e, por fim, o "consenso político" é suficientemente pouco consistente (o que implica em que o nível e a magnitude das informações sejam baixos) para permitir que grupos que alcançaram o Poder por intermédio e graças ao apoio de setores beneficiados pelo sistema político tradicional (como foram todos os que propuseram planos até 1964) se disponham e, até certo ponto, consigam pelo menos embrionária e formalmente "mudar as regras do jogo" no que diz respeito às decisões econômicas básicas, com todas as implicações políticas deste processo.

Com efeito, quando se compara a implantação do sistema brasileiro de planejamento com as condições e modos de implantação do planejamento, por exemplo, na URSS ou na França, tem-se que, no caso deste último país, o consenso foi sendo gradualmente obtido com a participação crescente dos diversos grupos na definição das metas e na formulação do plano, ou então foi obtido revolucionariamente na parte da sociedade que venceu, no caso da URSS. No Brasil, no entanto, os planos foram definidos por grupos restritos de técnicos e políticos e foram aprovados pelo sistema político tradicional, embora sua justificativa mais geral tenha sido apresentada, quase sempre, em nome dos que não estão participando do progresso econômico e dele devem vir a beneficiar-se por imperativos ético-políticos e para assegurar o crescimento nacional. Tudo isso ocorreu *dentro de um quadro geral de baixa informação política e de consenso limitado quanto às soluções políticas e econômicas concretas, embora com a aceitação generalizada, no plano ideológico, quanto à necessidade do fortalecimento da Nação.*

Esta modalidade de ação política, em que se combinam modernização a partir da cúpula governamental e tradicionalismo, torna-se viável graças a uma das peculiaridades estruturais de países subdesenvolvidos. Nestes, o sistema político reflete uma estrutura social pouco diferenciada no interior de cada um dos grandes setores em que se divide a população: ao lado da "massa de trabalhadores" (sem discutir aqui seus subsetores, agrário, urbano e "marginal") existe um conjunto pouco organizado formado pelas classes intermediárias e outro composto pelas classes proprietárias, que atuam inclusive mais como "massa", isto é, como um conjunto de pessoas que, se bem possuem interesses que podem ser identificados como similares a partir de algum critério estrutural, não dispõem dos meios para agir coerentemente nem das informações necessárias para formar uma idéia dos seus interesses comuns. Com estas expressões imprecisas e possìvelmente impróprias queremos ressaltar a inexistência ou a fragilidade das "organizações intermediárias" que dão às classes sua forma estrutural definida: partidos, sindicatos, associações voluntárias etc. Por certo, os proprietários se organizam mais facilmente e mais firmemente do que os não-proprietários, mas mesmo suas "organizações de classe" são fluidas e politicamente fracas, isto é, não estão ligadas ao conjunto da classe ou a setores significativos de classe por uma corrente contínua e reversível de informações, capaz de permitir a definição e redefinição de seus interesses e propósitos, nem assentam em formas estáveis de reconhecimento pela classe de sua legitimidade. Com mais forte razão a massa trabalhadora, quando não está excluída do jôgo político (como os trabalhadores do campo), participa dele através de organizações com características semelhantes. Neste quadro, caracterizado, seguindo a linguagem que se adotou em partes anteriores deste capítulo, por uma "sociedade civil" politicamente amorfa, o Estado, visto como Govêrno, e a Burocracia, especialmente a militar, exercem funções catalisadoras de primeira ordem.

Aparentemente, portanto, estar-se-ia próximo da situação que deu margem aos temores do liberalismo europeu quanto aos fantasmas do Totalitarismo, encarado como o controle crescente (embora racional) da sociedade civil pelo Estado, e neste do legislativo pelo executivo. Entretanto, naquela situação o Estado era imediatamente percebido como a expressão de uma classe ou de um estamento e sua ação não só correspondia mais imediatamente aos interesses dos grupos que o controlavam, como, por sua vez, ele era suportado pela organização das classes dominantes. O jôgo político dava-se pela luta entre a organização de distintas classes ou de alianças de classe. Neste contexto a burocracia ao mesmo tempo representava o risco do formalismo sem *virtù* e assegurava a possibilidade formal da democracia; podia minar na empresa as bases da inovação empresarial, mas permitia o planejamento racional, e quando êste se institucionalizou passou a ser criticado e suportado não só pela tecnocracia, mas pelos órgãos de classe, nas democracias capitalistas, ou pelo Partido da classe, no modêlo soviético.

No caso brasileiro, desde os primórdios da ação planejadora, no govêrno Dutra e, especialmente, no segundo govêrno de Vargas, o plano surgiu como o resultado de um diagnóstico de carências — formulado por técnicos, guiados por valôres de "fortalecimento nacional", mas num quadro de apatia da "sociedade civil" e, especialmente, dos políticos profissionais. A própria Administração comportar-se-á diante dessa inovação tecnológica em termos das expectativas do sistema político tradicional: é nela, na administração, que estão os grupos de pressão e nela desemboca o clientelismo político, mas como nem a esfera econômica já existente, nem a esfera política recebem sequer as informações adequadas ou redefinem suas expectativas em função de fenômenos novos (como o plano e a decisão de planejar), modernização e rotina coexistem desconhecendo-se.

No sistema político brasileiro tradicional a permeabilidade do Governo é maior que a da Burocracia: exatamente porque as classes não sedimentam estruturas intermediárias de participação política suficientemente diferenciadas e interferentes ao nível do Estado, a "inovação técnica" que parte de indivíduos pode, eventualmente, chegar aos níveis mais altos de decisão, sem encontrar resistências organizadas. Num sistema dêste tipo a grande alavanca com que tanto as classes dominantes como a Administração incrustada no sistema do poder contam para defender seus interesses tradicionais é precisamente o colchão de algodão da não-comunicação entre as diferentes organizações do Estado e destas com a sociedade.

É óbvio que os planos propostos por essa via têm escassa possibilidade de transformar-se em processos de planejamento efetivo. O primeiro corte significativo nessa situação terá sido dado com o Plano de Metas, no nível nacional, e com a SUDENE, e o 1.º Plano de Ação do Governo de São Paulo, no nível regional. O Plano de Metas importou politicamente porque, além do referido processo de penetração da cúpula governamental pela influência de um setor de técnicos e intelectuais, implicou num esforço de coordenação de planos, metas e meios que haviam sido propostos para diversos setores da economia nacional. Além disso, significou também o início da formação de uma *nova burocracia* e resultou na inclusão no Plano de objetivos (que estavam explícitos politicamente pelo menos no segundo governo de Vargas) que aceitavam como necessária a mobilização de novas camadas da população *a partir do Estado*. Não é necessário repetir o que já se analisou em capítulos anteriores: a estratégia adotada levou à coexistência entre sistema político clientelístico

tradicional e a mobilização direta das massas, desde
que essa estivesse limitada e suportada pelo dinamismo
político e econômico gerado pelo próprio Estado
Desenvolvimentista; da Administração tradicional com
a Tecnocracia; da definição programada de objetivos
econômicos com toda sorte de concessões às pressões
dos interesses particularistas enraizados na vida econômica
e política.

Mais consistente como técnica de planejamento
global e como forma de ruptura do sistema tradicional
de decisões foi a SUDENE, na medida em que sua
Superintendência e seu Conselho, para poder implementar
as políticas adotadas a partir de critérios técnicos
e da já referida concepção de "desenvolvimento
nacional", tiveram que interferir diretamente nas áreas
de decisão privativas dos governadores e na política dos
partidos de clientela, bem como tiveram que constituir,
em pouco tempo, um corpo de burocratas recrutados
com objetivos técnicos. Os êxitos na implementação
do órgão de planejamento, apesar das dilações já referidas
neste livro quanto a aspectos tão importantes como
o regime de propriedade da terra, não se poderiam
dar se não em função da relação entre Estado Nacional
e Governos Estaduais: a linha de fortalecimento do
Estado Nacional apresentava-se com menos clareza
que hoje, mas já aparecia como condição necessária
para viabilizar a persistência do sistema político nacional.
Os governos estaduais das regiões pobres não
dispõem dos recursos (em sentido amplo, econômicos,
mas também políticos, técnicos e de valores) para responder
às demandas novas e crescentes. A "integração
nacional" requer a diminuição das desigualdades regionais
e, conseqüentemente, favorece a intervenção e o
fortalecimento do Executivo Central em detrimento do
Poder Estadual.

Já o Plano de Ação teve um significado mais restrito,
aproximando-se da idéia de racionalização administrativa
e de planejamento do investimento público,
sem afetar o setor privado, tal como ocorre com o planejamento
em alguns países mais desenvolvidos. Essa
política "gradualista" reforçou o Executivo Estadual,
a partir da cúpula da Administração, em detrimento do
Legislativo e da Burocracia tradicional, mas não im-

plantou um sistema de planejamento, nem definiu metas capazes de mobilizar politicamente camadas novas da população.

A análise da primeira tentativa de formulação de um plano global de desenvolvimento e da criação de um órgão administrativo — um Ministério — que cuidasse de sua implantação, como foi o caso do Plano Trienal, revela, entretanto, que nas condições políticas prevalecentes no Brasil o já referido mecanismo de "inovação interna" a partir do próprio Governo, graças ao impulso de um pensamento racionalizador que contamina a cúpula do Estado pela ação de pessoas, líderes e grupos restritos de tecnocratas, é insuficiente para gerar um "processo de planejamento", isto é, para transformar as metas e meios teoricamente selecionados no Plano, em mecanismos constantes e persistentes, capazes de levar os distintos grupos e camadas da população (desde o Governo até aos empresários privados) a comportarem-se de acordo com as linhas gerais do Plano. Com efeito, o Plano Trienal pode, de acordo com a técnica prevalecente nos meios especializados de então, fazer um "diagnóstico" da situação, ressaltar as principais "barreiras" ao desenvolvimento, e indicar os modos e meios para superá-las. Tratou de definir metas "rentes à realidade", pelo conhecido processo de verificar o rendimento máximo obtido em distintos setores da economia e dela em conjunto nos anos precedentes e aceitar como objetivo imediato a recuperação não a um nível ótimo absoluto, mas ao melhor nível já alcançado. Mas teve que reconhecer que em campos vitais para o conflito social, como a política de salários, o gasto público, a taxa de poupança e investimentos e a inflação, haveria que fazer algumas inflexões importantes para garantir a continuidade do crescimento do sistema econômico. Mesmo sem que se considerem outros aspectos abrangidos pelo Plano Trienal, com as reformas administrativas, fiscal, bancária e agrária, que necessariamente produziriam reações, as resistências encontradas *no próprio Governo* à consecução das políticas propostas minaram a eficácia do Plano, não apenas como instrumento geral de planejamento efetivo, mas até mesmo como guia da política econômica geral.

A pugna entre as classes e o já referido processo de mobilização de massas encontrava-se então, em 1962-63, num ponto de máxima. Pelo mesmo mecanismo da maior permeabilidade do Governo às reivindicações diretas de pequenos grupos organizados e pela dinâmica política geral que contrapunha um estilo de democracia plebiscitária de massas à democracia representativa dos velhos partidos clientelísticos, Goulart havia recuperado força, a partir da reação legalista de Brizola, com o ziguezague da concessão parlamentarista, mas com a consagração do Plebiscito. O Plano — como grande idéia salvadora — serviu, numa primeira fase, como catalisador político: o Governo tinha recursos, esses recursos eram conspícuos e "modernos". No momento seguinte, consolidado o Presidencialismo graças ao apoio de massas, como cumprir um Plano que, a curto prazo, limitava os salários, a começar pelo dos próprios funcionários públicos? Como saldar, por outro lado, na amálgama entre a política de massas e o clientelismo tradicional (PTB-PSD), que constituíam os fundamentos do poder janguista, os "compromissos políticos" que se traduziam em vantagens econômicas, se a linha da política econômica fosse de austeridade?

Vê-se, neste quadro, que o êxito inicial do Plano, mais do que do planejamento, foi o de seu formulador que soube compreender que na situação prevalecente o "plano" é também um mobilizador político, e foi capaz de convencer, politicamente, setores estratégicos da opinião, sensíveis para a necessidade de planejar, embora, confessadamente, tivesse obtido reduzido êxito junto aos empresários. Por outro lado, o Plano cumpriu uma função política latente: permitiu ao Governo uma via nova de obtenção de lealdades e de reconhecimento de sua respeitabilidade. Atingidos estes objetivos, os interesses políticos de sustentação de um Poder Presidencial discutido passaram a prevalecer sobre o planejamento.

Seria equivocado a nosso ver, entretanto, sustentar que estas funções supletivas dos Planos, diversionistas mesmo segundo alguns, são inúteis para a implantação de um processo de planejamento. Na situação política brasileira, já caracterizada sumariamente, a cristalização de alguns núcleos sociais onde a idéia do Plano e o reconhecimento da necessidade de planejar sirvam como valores de aglutinação, tem uma enorme importância estratégica: dada a pouca organização prevalecente, com a conseqüente ausência de estruturas intermediárias eficazes entre o Estado e as classes, a criação e difusão de "círculos de interessados", mormente quando êste interesse estriba-se em uma competência definida para a manipulação de certas técnicas sociais, tem um enorme efeito potencial. Neste sentido, a valorização do Plano Trienal, a quase mística da SUDENE, o próprio Plano de Ação e a enorme tarefa de difusão das técnicas de planejamento e da necessidade de planejar através dos cursos da CEPAL e do ILPES, foram criando os já referidos "círculos de interessados" de planejamento, que penetraram amiúde, pelo mesmo processo de cooptação e contaminação da cúpula administrativa, nos órgãos estaduais, regionais e nacionais de decisão econômica, de ação econômica direta e de administração, formando o que Hirschman chamou de "ilhas de racionalidade".

Assim, tão importantes, embora menos espetaculosos, quanto os Planos de Desenvolvimento e o Ministério de Planejamento, foram os inumeráveis grupos de ação e planejamento, que começaram a existir desde o governo Vargas, mas que se generalizaram a partir do governo Juscelino Kubitschek. A formação de um "segundo escalão" de planejadores, durante o período dos incompletos e às vezes inaplicados Planos Nacionais do período nacional-populista da política brasileira, foi decisiva para permitir a passagem de uma etapa em que os Planos eram concebidos como diagnósticos ou como "idéias salvadoras" para outra etapa em que o planejamento passou a ser visto como um processo social.

Por certo, estas "ilhas de racionalidade" ficavam muitas vezes contidas entre dois fogos inter-relacionados: os interesses do clientelismo político e a inércia burocrática. Esta última, especialmente, merece destaque, por sua repercussão sobre as possibilidades de planejar. Daland resume bem as principais caracterítias da burocracia brasileira:

"As funções da burocracia brasileira são: (1) prover um canal de mobilidade ascendente para a classe média educada; (2) prover rendas permanentes para aquela parte da classe média que serve de apoio ao regime; (3) prover um baixo nível de certos serviços; e (4) dar a oportunidade de iniciativas privadas baseadas nos poderes inerentes a certos grupos. Estas funções são essencialmente políticas por natureza. Em termos gerais, a qualidade da burocracia é prover favores, mantendo um certo nível mínimo de serviços. No entanto, seria um erro considerar a burocracia como dependente da elite política em determinada ocasião. A burocracia tem conseguido isolar-se das mudanças na direção política, exceto as mais drásticas" [1].

Assim, a "inércia burocrática" é, antes de mais nada, um mecanismo político pelo que implicitamente se define que a Administração é supletiva aos interesses privatistas e estes fluem, em suas relações com o Estado, através de teias de cumplicidades pessoais. Note-se que, tipicamente, não se trata de *lobbies*. Estes supõem alto grau de organização dos grupos interessados numa decisão e racionalidade na definição de objetivos e meios. Em suma, são instrumentos de pressão típicos de uma sociedade desenvolvida onde os interesses de grupo vão buscar influir nas decisões de um Estado que também está organizado e conta com uma burocracia moderna. No caso do Brasil no período nacional-populista, apenas se insinuavam organizações deste tipo, para pressionar as decisões nos setores mais dinâmicos da economia, justamente onde as "ilhas de racionalidade" de uma tecnocracia planejadora começavam a formar-se. Em geral, entretanto, a teia de cumplicidade era mais difusa, mais orientada para relações e lealdades pessoais que tornavam cúmplices desde o vereador, o deputado, o funcionário de uma repartição fiscal, o industrial, comerciante ou banqueiro, até o ministro, quando não o próprio presidente. A partir deste "sistema" as decisões eram tomadas e implementadas. A "burocracia" funcionava, portanto, como parte de um sistema mais amplo e segmentado: não existindo eficazmente, como vimos, Partidos de

---

(1) Daland, Robert T. *Estratégia e Estilo do Planejamento Brasileiro*, Lidador, Rio de Janeiro, 1969, p. 201. O livro de Daland, inspirado na teoria de Fred Riggs sobre o planejamento em "sociedades prismáticas", constitui a análise global mais bem feita que se dispõe sôbre o planejamento no Brasil. Embora não concordemos com tôdas as interpretações propostas, o ponto de partida para uma discussão séria e ordenada sôbre planejamento no Brasil está dado pelo livro de Daland

classe, Sindicatos e Associações de grupos e classes, os interesses organizavam-se em círculos múltiplos, em anéis, que cortavam perpendicularmente e de forma multifacética a pirâmide social, ligando em vários subsistemas de interesse e cumplicidade segmentos do Governo, da Burocracia, das Empresas, dos Sindicatos etc. Isso explica o que Daland pensa ser o isolamento e a independência da burocracia diante da elite política: enquanto prevaleceu o sistema político com as características acima, de uma colcha de retalhos da qual apenas os limites gerais eram estabelecidos pelos centros de decisões políticas e, em última análise, pelo próprio Presidente, a burocracia atravessou tôdas as crises da cúpula com a mesma capacidade de persistência do conjunto do sistema político subjacente a um regime onde só aparentemente o Presidente e as decisões centrais eram muito fortes. De fato, como bem percebeu o mesmo Daland, o Presidente, para garantir sua função de aglutinador do sistema, tinha que barganhar permanentemente com os chefes dos "anéis" de interêsses coligados.

É fácil perceber, portanto, que o planejamento central, nos moldes do Plano Trienal, teria que "ajustar-se" ao sistema, descaracterizando-se, ou, para ser viável, dependeria de uma redefinição completa do jogo político. As esferas de planejamento local ou setorial eram mais flexíveis: podiam constituir-se elas próprias em outros tantos anéis de resistência e definição de interesses próprios orientados pelos valores do planejamento (como, em certos períodos, o BNDE), podiam somar interesses políticos centralizadores contra alguns dos subsistemas de poder local, como no caso da SUDENE, ou, em certas circunstâncias, podiam ser captadas por círculos de interesse que, embora enraizados no sistema tradicional de decisões, aceitavam como econômica ou politicamente vantajoso incluir em seus subsistemas de poder algum órgão ou comissão específica de planejamento.

O grande corte diferenciador do planejamento no Brasil teria que ser, portanto, como foi, político. Implicou numa reorganização do sistema de Poder, que atingiu desde algumas de suas bases até ao modo de sua institucionalização. Com efeito, o PAEG, *enquanto plano em si,* não difere fundamentalmente do Plano Trienal. Mas a política do Governo que o adotou e suas bases de poder são, obviamente, bem distintas. Por um lado, quebrou-se a "política de massas", e a preocupação com a participação popular no jogo político, como fator de acrescentamento do Poder dos grupos hegemônicos, deixou de existir. Por outro, novos atores sociais passaram a operar no sistema político. Na expressão de um analista americano: "Os militares se tornaram participantes permanentes, com tempo integral, durante os últimos dois anos. O significado do PAEG é precisamente que é o programa da Revolução. Esta é justificada devido à importância do programa econômico do regime. O papel do planejamento foi invertido. Isto é, o planejamento foi outrora um dos instrumentos políticos de uma administração, por mais sinceros que os próprios planejadores, como técnicos, possam ter sido. Sob a Revolução, a atividade política do regime foi voltada a serviço do plano"[2].

A partir de 64, além da já referida quebra do populismo como instrumento de mobilização e sustentação política, começou a dar-se a quebra — que em si mesma não decorreria da eliminação da participação de massas — do sistema de anéis cimentados pela definição tradicional de interesses e lealdades. Num primeiro momento, no governo Castelo Branco, a tendência era imprecisa. Ao mesmo tempo em que se criava o Ministério do Planejamento e o CONSPLAN etc., se assumia uma posição no terreno doutrinário que sustentava um "liberalismo moderno", logo traduzido, na linguagem política, como "entreguismo", a partir do suposto de que, sem a intervenção do Estado, o livre jogo das forças econômicas no mercado favoreceria as emprêsas estrangeiras. E, no terreno estritamente político, a tendência parecia ser a de revitalizar uma espécie de política de governadores, bem como de aceitar os sistemas locais de poder, como instrumento da luta antipopulista (como apareceu mais claramente no caso de Pernambuco). A própria criação da ARENA como "o partido da Revolução" indicava essa tendência.

Entretanto, a Revolução se dera menos na "sociedade civil" que no Estado: a participação crescente

(2) Daland, *op. cit.*, pp. 190-191. A edição americana é de 1967.

e constante das Forças Armadas no Poder era um indicador desse processo. Se o impulso político de 64 tivesse ficado restrito aos setores políticos, ou tivesse subordinado o setor militar a alvos políticos definidos pela "sociedade civil", talvez não houvesse incompatibilidade entre "a Revolução" e a volta ao sistema dos círculos de interesse organizados em anéis: o velho Sistema de poder readaptar-se-ia, entrecruzando no interior de seus múltiplos anéis, segmentos mais numerosos e influentes do setor militar. Não foi isso o que prevaleceu, embora tivesse começado a ocorrer, por exemplo, em São Paulo, com Adhemar e Kruel e mesmo no Rio Grande do Sul, com Alves Bastos. Antes, a hegemonia do novo sistema de decisões políticas passou a ser exercida pelas Forças Armadas *como corporação*. Ora, como corporação as Forças Armadas constituem uma burocracia de base técnica, que requer planos como condição para sua sobrevivência.

Não se conhece, nos pormenores, o processo de burocratização, no sentido weberiano, das Fôrças Armadas no Brasil. Mas os efeitos dessa mentalidade racionalizadora fizeram-se sentir nos rumos dos governos posteriores a 1964 e mesmo, de forma mais limitada, antes dessa data. Se é certo que alguns setores militares, bem como círculos empresariais que captaram em determinados momentos a Confederação Nacional da Indústria, criticaram o PAEG e viram suspeitosamente o Plano Decenal, a crítica dirigia-se mais à política econômica, desnacionalizadora, do que à atividade de planejamento. Esta em si mesma passou a ser valorizada e aceita como parte integrante do processo de modernização do País e como instrumento necessário para a consecução de uma das metas mais caras ao espírito militar: a integração territorial e a ocupação do espaço econômico como fundamentos para a política da segurança nacional.

Neste sentido, os próprios ministérios que preexistiam ao Ministério do Planejamento, e muito especialmente o Ministério do Interior, começaram a mover a máquina administrativa, buscando coordenação entre as diversas agências do Governo que planejam e executam. Simultaneamente foi dada ênfase à criação de outros órgãos regionais, à imagem da SU-

DENE, para permitir a recuperação do atraso das regiões mais pobres do País.

Seguindo o percurso agitado das crises político--institucionais que marcaram a história recente desde o AC nº 2, a tendência predominante parece ser a do fortalecimento da autoridade central em prejuízo dos Estados e a substituição dos critérios democrático-representativos do sistema político anterior, não por outros ditos mais aperfeiçoados, mas por critérios autocráticos e tecnocráticos de tomada de decisões. Neste contexto, ainda quando o Plano Decenal tenha ficado nas gavetas, logo substituído pelo Plano Estratégico de Desenvolvimento e quando este, especialmente no que se refere ao setor industrial, discrepe às vezes da política econômica efetivamente posta em prática, a tendência à planificação é crescente.

Os riscos, agora, já não são os de que a prática política impeça, como no caso do Plano Trienal, a consecução dos objetivos propostos ou a implementação de organismos de planificação. Mas, ao contrário, de que os organismos de planificação e o estilo de decisão autoritária-tecnocrática impeçam a vida política da "sociedade civil". No plano estritamente econômico, o contrapêso a esse risco vem sendo o estabelecimento de "círculos de interesses conspícuos", dos quais se isolam os políticos profissionais e que, quando encontram flexibilidade por parte dos Ministérios Executores, especialmente o da Fazenda, reajustam *ad hoc* as decisões tomadas sem considerar porventura o interesse dos grupos empresariais. No plano mais geral, quando se encara o Planejamento como um mecanismo de propor alvos nacionais de desenvolvimento e realização política, entretanto, as novas condições de autoritarismo tecnocrático podem induzir a uma situação em que os velhos temas da liberdade e do totalitarismo ao modo como foram colocados pelos europeus, ganhem sentido outra vez: mobilização popular ou arregimentação? Qual a eficácia de sistemas de decisões desvinculados de práticas de participação política em sociedades industriais e de massa, para levar adiante o processo de desenvolvimento? O êxito da racionalidade formal, e mesmo, de eventuais acertos substantivos mas que não contam com a adesão dos principais grupos envolvidos na atividade econômica e social de um país em desenvolvimento, é razão suficiente para minimizar os controles sociais, baseados na crítica livre, na imprensa livremente atuante e no fluxo não-controlado de informações, que são condições necessárias para a formação de uma opinião pública participante?

Nada disso, evidentemente, deriva da "natureza do planejamento" como pensavam os liberais de antes da Segunda Grande Guerra. Mas são questões políticas que marcam as condições de êxito e os limites do planejamento, em situações históricas concretas. Para sua solução os planejadores, como categoria social, pouco podem contribuir. Seu equacionamento adequado dependerá sempre das forças sociais subjacentes ao processo de planejamento e da dinâmica política mais ampla que circunscreve as condições nas quais se dá o planejamento brasileiro. Mas como intelectual e cidadão o planejador não pode eximir-se de colocá-las e mostrar que a falácia do tecnocratismo, quando as desqualifica por não serem "questões técnicas", não faz mais que encobrir os problemas políticos subjacentes a qualquer planejamento.

COLEÇÃO DEBATES

1. *A Personagem de Ficção*, Antonio Candido e outros.
2. *Informação, Linguagem, Comunicação*, Décio Pignatari.
3. *Obra Aberta*, Umberto Eco.
5. *Sexo e Temperamento*, Margaret Mead.
6. *Fim do Povo Judeu?*, Georges Friedmann.
7. *Texto/Contexto*, Anatol Rosenfeld.
8. *O Sentido e a Máscara*, Gerd A. Borheim.
9. *Problemas da Física Moderna*, W. Heisenberg e outros.
10. *Distúrbios Emocionais e Anti-Semitismo*, N. W. Ackermann e M. Jahoda.
11. *Barroco Mineiro*, Lourival Gomes Machado.
12. *Kafka: Pró e Contra*, Günther Anders.
13. *Nova História e Novo Mundo*, Frédéric Mauro.
14. *As Estruturas Narrativas*, Tzvetan Todorov.
15. *Sociologia do Esporte*, Georges Magnane.
16. *A Arte no Horizonte do Provável*, Haroldo de Campos.
17. *O Dorso do Tigre*, Benedito Nunes.
18. *Quadro da Arquitetura no Brasil*, Nestor G. Reis Filho.

19. *Apocalípticos e Integrados*, Umberto Eco.
20. *Babel & Antibabel*, Paulo Rónai.
21. *Planejamento no Brasil*, Betty Mindlin Lafer.
22. *Lingüística. Poética. Cinema*, Roman Jakobson.
23. *LSD*, John Cashman.
24. *Crítica e Verdade*, Roland Barthes.
25. *Raça e Ciência I*, Juan Comas e outros.
26. *Shazam!*, Álvaro de Moya.
27. *Artes Plásticas na Semana de 22*, Aracy Amaral.
28. *História e Ideologia*, Francisco Iglésias.
29. *Peru: da Oligarquia Econômica à Militar*, A. Pedroso d'Horta.
30. *Pequena Estética*, Max Bense.
31. *O Socialismo Utópico*, Martin Buber.
32. *A Tragédia Grega*, Albin Lesky.
33. *Filosofia em Nova Chave*, Susanne K. Langer.
34. *Tradição, Ciência do Povo*, Luís da Câmara Cascudo.
35. *O Lúdico e as Projeções do Mundo Barroco*, Affonso Ávila.
36. *Sartre*, Gerd A. Bornheim.
37. *Planejamento Urbano*, Le Corbusier.
38. *A Religião e o Surgimento do Capitalismo*, R. H. Tawney.
39. *A Poética de Maiakóvski*, Boris Schnaiderman.
40. *O Visível e o Invisível*, M. Merleau-Ponty.
41. *A Multidão Solitária*, David Riesman.
42. *Maiakóvski e o Teatro de Vanguarda*, A. M. Ripellino.
43. *A Grande Esperança do Século XX*, J. Fourastié.
44. *Contracomunicação*, Décio Pignatari.
45. *Unissexo*, Charles F. Winick.
46. *A Arte de Agora, Agora*, Herbert Read.
47. *Bauhaus: Novarquitetura*, Walter Gropius.
48. *Signos em Rotação*, Octavio Paz.
49. *A Escritura e a Diferença*, Jacques Derrida.
50. *Linguagem e Mito*, Ernst Cassirer.
51. *As Formas do Falso*, Walnice Nogueira Galvão.
52. *Mito e Realidade*, Mircea Eliade.
53. *O Trabalho em Migalhas*, Georges Friedmann.
54. *A Significação no Cinema*, Christian Metz.
55. *A Música Hoje*, Pierre Boulez.
56. *Raça e Ciência II*, L. C. Dunn e outros.
57. *Figuras*, Gérard Genette.
58. *Rumos de uma Cultura Tecnológica*, Abraham Moles.
59. *A Linguagem do Espaço e do Tempo*, Hugh M. Lacey.
60. *Formalismo e Futurismo*, Krystyna Pomorska.
61. *O Crisântemo e a Espada*, Ruth Benedict.
62. *Estética e História*, Bernard Berenson.
63. *Morada Paulista*, Luís Saia.
64. *Entre o Passado e o Futuro*, Hannah Arendt.
65. *Política Científica*, Heitor G. de Souza e outros.
66. *A Noite da Madrinha*, Sérgio Miceli.
67. *1822: Dimensões*, Carlos Guilherme Mota e outros.
68. *O Kitsch*, Abraham Moles.
69. *Estética e Filosofia*, Mikel Dufrenne.
70. *O Sistema dos Objetos*, Jean Baudrillard.
71. *A Arte na Era da Máquina*, Maxwell Fry.
72. *Teoria e Realidade*, Mario Bunge.
73. *A Nova Arte*, Gregory Battcock.
74. *O Cartaz*, Abraham Moles.

75. *A Prova de Gödel*, Ernest Nagel e James R. Newman.
76. *Psiquiatria e Antipsiquiatria*, David Cooper.
77. *A Caminho da Cidade*, Eunice Ribeiro Durhan.
78. *O Escorpião Encalacrado*, Davi Arrigucci Júnior.
79. *O Caminho Crítico*, Northrop Frye.
80. *Economia Colonial*, J. R. Amaral Lapa.
81. *Falência da Crítica*, Leyla Perrone Moisés.
82. *Lazer e Cultura Popular*, Joffre Dumazedier.
83. *Os Signos e a Crítica*, Cesare Segre.
84. *Introdução à Semanálise*, Julia Kristeva.
85. *Crises da República*, Hannah Arendt.
86. *Fórmula e Fábula*, Willi Bolle.
87. *Saída, Voz e Lealdade*, Albert Hirschman.
88. *Repensando a Antropologia*, E. R. Leach.
89. *Fenomenologia e Estruturalismo*, Andrea Bonomi.
90. *Limites do Crescimento*, Donella H. Meadows e outros (Clube de Roma).
91. *Manicômios, Prisões e Conventos*, Erving Goffman.
92. *Maneirismo: O Mundo como Labirinto*, Gustav R. Hocke.
93. *Semiótica e Literatura*, Décio Pignatari.
94. *Cozinhas, etc.*, Carlos A. C. Lemos.
95. *As Religiões dos Oprimidos*, Vittorio Lanternari.
96. *Os Três Estabelecimentos Humanos*, Le Corbusier.
97. *As Palavras sob as Palavras*, Jean Starobinski.
98. *Introdução à Literatura Fantástica*, Tzvetan Todorov.
99. *Significado nas Artes Visuais*, Erwin Panofsky.
100. *Vila Rica*, Sylvio de Vasconcellos.
101. *Tributação Indireta nas Economias em Desenvolvimento*, J. F. Due.
102. *Metáfora e Montagem*, Modesto Carone.
107. *Ensaios Críticos e Filosóficos*, Ramón Xirau.
104. *Valise de Cronópio*, Julio Cortázar.
105. *A Metáfora Crítica*, João Alexandre Barbosa.
106. *Mundo, Homem, Arte em Crise*, Mário Pedrosa.
107. *Ensaios Críticos e Filosóficos*, Ramón Xirau.
108. *Do Brasil à América*, Frédéric Mauro.
109. *O Jazz, do Rag ao Rock*, Joachim E. Berendt.
110. *Etc..., Etc... (Um Livro 100% Brasileiro)*, Blaise Cendrars.
111. *Território da Arquitetura*, Vittorio Gregotti.
112. *A Crise Mundial da Educação*, Philip H. Coombs.
113. *Teoria e Projeto na Primeira Era da Máquina*, Reyner Banham.
114. *O Substantivo e o Adjetivo*, Jorge Wilheim.
115. *A Estrutura das Revoluções Científicas*, Thomas S. Kuhn.
116. *A Bela Época do Cinema Brasileiro*, Vicente de Paula Araújo.
117. *Crise Regional e Planejamento*, Amélia Cohn.
118. *O Sistema Político Brasileiro*, Celso Lafer.
119. *Êxtase Religioso*, Ioan M. Lewis.
120. *Pureza e Perigo*, Mary Douglas.
121. *História, Corpo do Tempo*, José Honório Rodrigues.
122. *Escrito sobre um Corpo*, Severo Sarduy.
123. *Linguagem e Cinema*, Christian Metz.
124. *O Discurso Engenhoso*, Antonio José Saraiva.
125. *Psicanalisar*, Serge Leclaire.
126. *Magistrados e Feiticeiros na França do Século XVII*, R. Mandrou.
127. *O Teatro e sua Realidade*, Bernard Dort.
128. *A Cabala e seu Simbolismo*, Gershom G. Scholem.

129. *Sintaxe e Semântica na Gramática Transformacional*, A. Bonomi e G. Usberti.
130. *Conjunções e Disjunções*, Octavio Paz.
131. *Escritos sobre a História*, Fernand Braudel.
132. *Escritos*, Jacques Lacan.
133. *De Anita ao Museu*, Paulo Mendes de Almeida.
134. *A Operação do Texto*, Haroldo de Campos.
135. *Arquitetura, Industrialização e Desenvolvimento*, Paulo J. V. Bruna
136. *Poesia-Experiência*, Mário Faustino.
137. *Os Novos Realistas*, Pierre Restany.
138. *Semiologia do Teatro*, Org. J. Guinsberg e J. Teixeira Coelho Netto
139. *Arte-Educação no Brasil*, Ana Mae T. B. Barbosa.
140. *Borges: Uma Poética da Leitura*, Emir Rodríguez Monegal.
141. *O Fim de uma Tradição*, Robert W. Shirley.
142. *Sétima Arte: Um Culto Moderno*, Ismail Xavier.
143. *A Estética do Objetivo*, Aldo Tagliaferri.
144. *A Construção do Sentido na Arquitetura*, J. Teixeira Coelho Netto.
145. *A Gramática do Decameron*, Tzvetan Todorov.
146. *Escravidão, Reforma e Imperialismo*, Richard Graham.
147. *História do Surrealismo*, Maurice Nadeau.
148. *Poder e Legitimidade*, José Eduardo Faria.
149. *Práxis do Cinema*, Noel Burch.
150. *As Estruturas e o Tempo*, Cesare Segre.
151. *A Poética do Silêncio*, Modesto Carone.
152. *Planejamento e Bem-Estar Social*, Henrique Rattner.
153. *Teatro Moderno*, Anatol Rosenfeld.
154. *Desenvolvimento e Construção Nacional*, S. N. Eisenstadt.
155. *Uma Literatura nos Trópicos*, Silviano Santiago.
156. *Cobra de Vidro*, Sérgio Buarque de Holanda.
157. *Testando o Leviathan*, Antonia Fernanda Pacca de Almeida Wright.
158. *Do Diálogo ao Dialógico*, Martin Buber.
159. *Ensaios Lingüísticos*, Louis Hjelmslev.
160. *O Realismo Maravilhoso*, Irlemar Chiampi.
161. *Tentativas de Mitologia*, Sérgio Buarque de Holanda.
162. *Semiótica Russa*, Boris Schnaiderman.
163. *Salões, Circos e Cinemas de São Paulo*, Vicente de Paula Araújo.
164. *Sociologia Empírica do Lazer*, Joffre Dumazedier.
165. *Física e Filosofia*, Mario Bunge.
166. *O Teatro Ontem e Hoje*, Célia Berrettini.
167. *O Futurismo Italiano*, Org. Aurora Fornoni Bernardini.
168. *Semiótica, Informação e Comunicação*, J. Teixeira Coelho Netto.
169. *Lacan: Operadores da Leitura*, Américo Vallejo e Lígia Cademartore Magalhães.
170. *Dos Murais de Portinari aos Espaços de Brasília*, Mário Pedrosa.
171. *O Lírico e o Trágico em Leopardi*, Helena Parente Cunha.
172. *A Criança e a FEBEM*, Marlene Guirado.
173. *Arquitetura Italiana em São Paulo*, Anita Salmoni e E. Debenedetti.
174. *Feitura das Artes*, José Neistein.
175. *Oficina: Do Teatro ao Te-Ato*, Armando Sérgio da Silva.
176. *Conversas com Igor Stravinski*, Robert Craft e Igor Stravinski.
177. *Arte como Medida*, Sheila Leirner.
178. *Nzinga*, Roy Glasgow.
179. *O Mito e o Herói no Moderno Teatro Brasileiro*, Anatol Rosenfeld.

180. *A Industrialização do Algodão na Cidade de São Paulo*, Maria Regina de M. Ciparrone Mello.
181. *Poesia com Coisas*, Marta Peixoto.
182. *Hierarquia e Riqueza na Sociedade Burguesa*, Adeline Daumard.
183. *Natureza e Sentido da Improvisação Teatral*, Sandra Chacra.
184. *O Pensamento Psicológico*, Anatol Rosenfeld.
185. *Mouros, Franceses e Judeus*, Luís da Câmara Cascudo.
186. *Tecnologia, Planejamento e Desenvolvimento Autônomo*, Francisco Sagasti.
187. *Mário Zanini e seu Tempo*, Alice Brill.
188. *O Brasil e a Crise Mundial*, Celso Lafer.
189. *Jogos Teatrais*, Ingrid Dormien Koudela.
190. *A Cidade e o Arquiteto*, Leonardo Benevolo.
191. *Visão Filosófica do Mundo*, Max Scheler.
192. *Stanislavski e o Teatro de Arte de Moscou*, J. Guinsburg.
193. *O Teatro Épico*, Anatol Rosenfeld.
194. *O Socialismo Religioso dos Essênios: A Comunidade de Qumran*, W. J. Tyloch.
195. *Poesia e Música*, Org. de Carlos Daghlian.
196. *A Narrativa de Hugo de Carvalho Ramos*, Albertina Vicentini.
197. *Vida e História*, José Honório Rodrigues.
198. *As Ilusões da Modernidade*, João Alexandre Barbosa.
199. *Exercício Findo*, Décio de Almeida Prado.
200. *Marcel Duchamp: Engenheiro do Tempo Perdido*, Pierre Cabanne.
201. *Uma Consciência Feminista: Rosario Castellanos*, Beth Miller.
202. *Neolítico: Arte Moderna*, Ana Claudia de Oliveira.
203. *Sobre Comunidade*, Martin Buber.
204. *O Heterotexto Pessoano*, José Augusto Seabra.
205. *O que é uma Universidade?*, Luiz Jean Lauand.

Impresso na
**press grafic
editora e gráfica ltda.**
Rua Barra do Tibagi, 444 - Bom Retiro
Cep 01128 - Telefone: 221-8317